AF497456

دنیا: ایک آزمائش اور امتحان

(مذہبی مضامین)

شعوانہ عبدالعزیز

اردو ترجمہ: شاہد ستار

تقدیم و تہذیب: ابوعدنان محمد منیر قمر

ISBN 978-93-5872-866-8

9 789358 728668

کتاب	:	دنیا:ایک آزمائش اور امتحان
مصنفہ	:	شعوانہ عبدالعزیز
صنف	:	مذہب
ناشر	:	تعمیر پبلی کیشنز (حیدرآباد، انڈیا)
سالِ اشاعت	:	۲۰۲۳ء
تعداد	:	(پرنٹ آن ڈیمانڈ)
صفحات	:	۵۰
سرورق ڈیزائن	:	تعمیر ویب ڈیزائن

فہرست مضامین

بِسْمِ اللهِ الرَّحْمٰنِ الرَّحِيْم

تقدیم

اِنَّ الْحَمْدَ لِلهِ نَحْمَدُه‘ وَنَسْتَعِيْنُه‘ وَنَسْتَغْفِرُه‘ ،وَ نَعُوْذُ بِا للهِ مِنْ شُرُوْرِ اَنْفُسِنَا وَ مِنْ سَيِّئَاتِ اَعْمَا لِنَا، مِنْ يَّهْدِهِ اللّٰهُ فَلَا مُضِلَّ لَه‘ ،وَ مَنْ يُّضْلِلْ فَلَا هَادِیَ لَه‘، وَاَشْهَدُ اَنْ لَّا اِلٰه اِلَّا اللّٰهُ وَحْدَه‘ لَا شَرِيْکَ لَه‘، وَ اَشْهَدُ اَنَّ مُحَمَّداً عَبْدُه‘ وَرَسُوْلُه‘.

اَمَّا بَعْدُ:

قارئینِ کرام! السلام علیکم ورحمۃ اللہ وبرکاتہ‘: وبعد:

اللہ تعالیٰ اپنے بندوں کو آزمائشوں کی بھٹی میں جھونک کر انکے جوہر اور سونے کو کندن بنا دیتا ہے۔ انکے گناہ مٹاتا اور انہیں پاک کرتا رہتا ہے۔ لہذا مؤمن کو مصائب ومشکلات میں گھبرانے اور واویلا کرنے کی بجائے صبر کا دامن تھامے رکھنا چاہیئے، اللہ پر مکمل بھروسہ کرنا چاہیئے اور اپنے گناہوں کے کفارے کی توقع رکھنا چاہیئے۔ جان ومال، اولاد وکھیتی اور فقر وخوف میں مبتلا کرکے مختلف طریقوں سے اپنے بندوں کو آزمانا سنّتِ الٰہی ہے، جیسا کہ سورۃ البقرہ کی آیت: ۱۵۵ اور سورۃ الانبیاء کی آیت: ۳۵ شاہد ہیں، البتہ اگر یہی مصائب ومشکلات آزمائش نہیں بلکہ گناہوں کے نتیجہ میں ہوں تو بندہ فوراً اللہ کی طرف رجوع کرلے۔ جبکہ جرائم پیشہ مسلمانوں اور غیر مسلم لوگوں پر ٹوٹنے والے مصائب ومشکلات اسی دنیا میں انکے لئے انکے جزائے عاجل اور فوری سزا ہوتی ہیں اور آخرت میں انکا انجام اللہ کے ہاتھ میں ہے۔

زیرِ نظر رسالہ (دنیوی مصائب ومشکلات ۔ حقیقت، اسباب، ثمرات) انٹرنیٹ سے لئے گئے ایک مقالہ کا اردو ترجمہ ہے۔ مقالہ نگار محترمہ شوانہ عبدالعزیز نے دورِ حاضر میں مسلمانوں کو پیش آنے والے مصائب ومشکلات کے تناظر میں قلم اٹھایا ہے۔ اور اس موضوع کو وقت کی ایک اہم ضرورت سمجھتے ہوئے ہمارے دوست جناب شاہد ستار صاحب (یوسف بن احمد کانو، الدمام) نے آپ کیلئے اسے اردو کے قالب میں ڈھال دیا ہے۔

فَجَزَاهُمَا اللّٰهُ خَيْرًا.

اصل مقالہ انگلش میں تھا اور اسمیں قرآنی آیات اور احادیثِ نبویہ کے صرف ترجمہ پر ہی اکتفاء کیا گیا تھا، جبکہ اس اردو ایڈیشن میں ہم نے آیات واحادیث کی نصوص بھی ذکر کردی ہیں، جس سے اسکی افادیت میں مزید اضافہ ہوجائے گا۔ اِنْ شَآءَ اللّٰہ

اس رسالہ کی طباعت واشاعت میں جن احباب نے، جس بھی رنگ میں شرکت کی ہے، اللہ تعالیٰ ان سب کو بھی جزائے خیر عطا فرمائے اور اسے قارئین کرام کیلئے باعثِ استفادہ بنائے۔ آمین

والسلام علیکم ورحمۃ اللہ وبرکاتہ'

ابوعدنان محمد منیر قمر نواب الدین	الخبر، سعودی عرب
ترجمان سپریم کورٹ، الخبر وداعیہ متعاون	۲۷رمحرم ۱۴۲۳ھ
مراکزِ دعوت وارشاد، الدمام، الخبر، الظہران	۱۰راپریل ۲۰۰۲ء
(سعودی عرب)	

بسم اللہ الرحمن الرحیم

دنیوی مصائب ومشکلات

حقیقت، اسباب، ثمرات

☆

دنیوی مشکلات زندگی کا ناگزیر حصہ اور اللہ کی طرف سے آزمائش ہیں۔

ان کا سلسلہ معمولی مسائل سے لے کر جان لیوا بیماریوں اور عزیزوں کی جدائی (موت) تک ہے۔ اور ان مشکلات میں بھی مؤمن کی بھلائی موجود ہے۔!!

کافروں کی نظر میں مصائب صرف ایک غیر آرام دہ شئے ہیں۔ مگر مؤمن کے لئے آزمائش اور اللہ تعالیٰ سے تعلق مضبوط کرنے کا موقع ہیں۔ اگر مؤمن حادثات کا مقابلہ صبر کے ساتھ کرے تو اللہ جو بے انتہا مہربان ہے، اس کو بے حساب اجر عطا کرے گا، اس کے گناہوں کو دھوو دے گا اور اس کے مقام کو جنت میں بلند کرے گا، جیسا کہ اللہ تعالیٰ کا فرمان ہے:

﴿وَلَنَبْلُوَنَّكُمْ بِشَيْءٍ مِّنَ الْخَوْفِ وَالْجُوعِ وَنَقْصٍ مِّنَ الْأَمْوَالِ وَالْأَنْفُسِ وَالثَّمَرَاتِ وَبَشِّرِ الصَّابِرِينَ ٥ الَّذِينَ إِذَآ أَصَابَتْهُمْ مُّصِيبَةٌ قَالُوٓا إِنَّا لِلّٰهِ وَإِنَّآ إِلَيْهِ رَاجِعُونَ ٥ أُولٰئِكَ عَلَيْهِمْ صَلَوَاتٌ مِّنْ رَّبِّهِمْ وَرَحْمَةٌ وَأُولٰئِكَ هُمُ الْمُهْتَدُونَ ٥﴾ (سورۃ البقرہ: ١٥٥تا١٥٧)

''اور ہم کسی نہ کسی طرح تمہاری آزمائش ضرور کریں گے، دشمن کے ڈر سے، بھوک سے، مال و جان اور پھلوں کی کمی سے اور صبر کرنے والوں کو خوشخبری

دے دیں۔جنہیں، جب کبھی کوئی مصیبت آتی ہے تو کہہ دیا کرتے ہیں کہ ہم تو خود اللہ تعالیٰ کی ملکیت ہیں اور ہم اسی کی طرف لوٹنے والے ہیں۔ان پر ان کے رب کی نوازشیں اور رحمتیں ہیں اور یہی لوگ ہدایت یافتہ ہیں۔''

اس کے برعکس کافروں کے لئے واقعی گھاٹا ہے، کیونکہ مصیبتوں میں ان کا صبر کرنا ان کے لئے نہ کوئی اس دنیا میں نوازشیں لائے گا اور نہ ہی آخرت کی بھلائی۔

ارشادِ الٰہی ہے:

﴿وَلَا تَهِنُوْا فِی ابْتِغَاءِ الْقَوْمِ، اَنْ تَكُوْنُوْا تَاْلَمُوْنَ فَاِنَّهُمْ یَاْلَمُوْنَ کَمَا تَاْلَمُوْنَ، وَتَرْجُوْنَ مِنَ اللّٰهِ مَالَا یَرْجُوْنَ وَکَانَ اللّٰهُ عَلِیْماً حَکِیْماً﴾

(سورۃ النسآء: ۱۰۴)

''ان لوگوں کا پیچھا کرنے سے ہارے دل ہو کر بیٹھ نہ رہو! اگر تمہیں بے آرامی (تکلیف) ہوتی ہے تو انہیں بھی تمہاری طرح بے آرامی ہوتی ہے اور تم اللہ تعالیٰ سے وہ امیدیں رکھتے ہو، جو امیدیں انہیں نہیں، اور اللہ تعالیٰ دانا اور حکیم ہے۔''

پس مناسب طرزِ عمل اور صحیح رویہ مصائب ومشکلات کو اللہ تعالیٰ کی خوشنودی حاصل کرنے کا ایک ذریعہ بنا سکتا ہے!

دنیوی مصائب ومشکلات : ایک آزمائش وامتحان

اللہ تعالیٰ اپنے بندوں کا مصیبتوں اور آزمائشوں سے امتحان لیتا ہے۔ جیسا کہ فرمانِ الٰہی ہے:

﴿وَنَبْلُوْكُمْ بِالشَّرِّ وَالْخَيْرِ فِتْنَةً وَاِلَيْنَا تُرْجَعُوْنَ﴾ (سورة الانبیآء: ۳۵)

''ہم بطریقِ امتحان تم میں سے ہر ایک کو برائی وبھلائی میں مبتلا کرتے ہیں اور تم سب ہماری ہی طرف لوٹائے جاؤ گے۔''

جوکوئی اس امتحان میں کامیاب ہوگا، جنّت اس کا انعام ہوگی۔ اللہ تعالیٰ فرماتا ہے:

﴿اَمْ حَسِبْتُمْ اَنْ تَدْخُلُوا الْجَنَّةَ وَلَمَّا يَعْلَمِ اللّٰهُ الَّذِيْنَ جٰهَدُوْا مِنْكُمْ وَيَعْلَمَ الصّٰبِرِيْنَ﴾ (سورة آل عمران: ۱۴۲)

''کیا تم یہ سمجھ بیٹھے ہو کہ تم جنّت میں چلے جاؤ گے، حالانکہ اب تک اللہ تعالیٰ نے یہ ظاہر نہیں کیا کہ تم میں سے جہاد کرنے والے کون ہیں اور صبر کرنے والے کون ہیں۔''؟

اللہ تعالیٰ کے فیصلے پر یقینِ کامل

یہ تو مسلمان کے ایمان کا جُزو اور حصہ ہے کہ وہ یہ یقین رکھے کہ ہر چیز جو اللہ تعالیٰ اپنے بندے کے لئے منتخب کرتا ہے؛ برائی یا بھلائی، خوشی یا غم، سب بندے کے فائدے کے لئے ہی ہیں۔ اللہ کے نبی ﷺ نے فرمایا ہے:

((عَجَباً لِلْمُؤْمِنِ لَایَقْضِی اللّٰهُ لَهُ، شَیْئاً اِلَّا کَانَ خَیْراً لَهُ،

(مسند احمد وابویعلی) وَلَیْسَ ذَالِکَ لِأَحَدٍ اِلَّا لِلْمُؤْمِنِ)) ‍‍ا

’’مؤمن کا معاملہ بھی تعجب انگیز ہے کہ اللہ تعالیٰ مؤمن کے حق میں کوئی فیصلہ نہیں فرماتا، مگر اسکی بھلائی کیلئے؛ اور یہ اعزاز سوائے مؤمن کے کسی اور کو حاصل نہیں ہے۔‘‘

اِس حکمتِ اِلٰہی کو پوری طرح سمجھنا کہ ان ساری مصیبتوں کے پیچھے کیا راز ہے؟ یہ انسان کی طاقت سے باہر ہے، کیونکہ ہمارا علم فقط ظاہری معاملات کی حد تک محدود ہے۔ صرف اللہ ہی کو علم ہے کہ آخر میں حالات کیسے بدلیں گے؟ اور بندے کو اس سے کیسے کیسے فائدہ پہنچے گا؟ پس، مصیبتیں جو بظاہر بری لگتی ہیں، ہو سکتا ہے کہ آگے چل کر بہت فائدہ مند ہوں۔ قرآن کریم میں اللہ تعالیٰ فرماتا ہے:

﴿وَعَسٰی اَنْ تَکْرَ ھُوْاشَیْئًا وَّھُوَ خَیْرٌ لَّکُمْ وَعَسٰی اَنْ تُحِبُّوْاشَیْئًا وَّھُوَشَرٌّ لَّکُمْ وَاللّٰهُ یَعْلَمُ وَاَنْتُمْ لَاتَعْلَمُوْنَ﴾ (سورۃ البقرہ:۲۱۶)

’’ممکن ہے کہ تم کسی چیز کو برا جانو اور دراصل وہی تمہارے لئے بھلی ہوا اور یہ بھی ممکن ہے کہ تم کسی چیز کو اچھی سمجھو، حالانکہ وہ تمہارے لئے بری ہو، حقیقی علم اللہ ہی کو ہے، تم محض بے خبر ہو۔‘‘

اُوپر بیان کی گئی آیت اللہ تعالیٰ کے راستہ میں جہاد کرنے کا صاف حکم دے رہی

ا مسلم ۴/۲۲۹۵، حدیث:۲۹۹۹، مسند احمد ۴/۳۳۲،۳۳۳، ۶/۱۵، ۱۶، دارمی، ابویعلی، الصحیحہ ۱/۲۲۸، حدیث:۱۴۷، ۱۴۸، صحیح الجامع ۲/۲۳۷، حدیث:۳۹۸۰۔

ہے۔اللہ سمجھا رہا ہے کہ،لوگ اگر چہ قربانیوں کو ناپسند کرتے ہیں،لیکن جہاد تو مسلمانوں کی بھلائی کے لئے ہے۔اگر لوگ جہاد نہ کریں گے تو دین کے دشمن مسلمانوں کو انکے مذہبی اور دنیوی معاملات میں نقصان پہنچانے میں ان پر بھاری ہو جائیں گے۔پس ''حقیقی علم اللہ ہی کو ہے،تم محض بے خبر ہو''۔

اس لئے مسلمان ہر وقت اللہ سے اچھی امید رکھے اور زندگی کے ہر معاملہ میں اسکے فیصلے اور حکم پر بھروسہ کرے اور یہ اللہ تعالیٰ کا وعدہ ہے کہ اگر مؤمنوں نے اُسی پر کامل یقین رکھا تو اللہ ان کے لئے کافی ہے،جیسا کہ ارشادِ الٰہی ہے :

﴿وَ مَنْ یَّتَوَکَّلْ عَلَی اللّٰهِ فَهُوَ حَسْبُه٘،اِنَّ اللّٰهَ بَالِغُ اَمْرِهٖ﴾ (سورۃ الطلاق : ٣)

''اور جو شخص اللہ پر توکّل کرے گا،اللہ اسے کافی ہو گا۔اللہ تعالیٰ اپنا کام پورا کرکے ہی رہے گا''۔

قرآن کریم ہمارے لئے ،حضرت یعقوب علیہ السلام کے اللہ تعالیٰ پر مضبوط یقین کی مثال پیش کر رہا ہے۔یعقوب علیہ السلام کی اولاد بہت خوبصورت تھی۔جب انہوں نے اپنی اولاد کو مصر کی طرف روانہ کیا تو انہوں نے ان کو نصیحت فرمائی اور کہا کہ ہر کوئی الگ الگ دروازے سے مصر (شہر) میں داخل ہو، کیونکہ ان کو (اولاد کے لئے) نظرِ بد کا خوف تھا۔

﴿وَقَالَ یٰبَنِیَّ لَا تَدْخُلُوْا مِنْ بَابٍ وَّاحِدٍ وَّادْخُلُوْا مِنْ اَبْوَابٍ مُّتَفَرِّقَةٍ وَمَاۤ اُغْنِیْ عَنْکُمْ مِّنَ اللّٰهِ مِنْ شَیْءٍ اِنِ الْحُکْمُ اِلَّا لِلّٰهِ عَلَیْهِ تَوَکَّلْتُ وَعَلَیْهِ فَلْیَتَوَکَّلِ الْمُتَوَکِّلُوْنَ﴾ (سورہ یوسف : ٦٧)

''اور (یعقوب علیہ السلام) نے کہا: اے میرے بچو! تم سب ایک دروازے سے

نہ جانا، بلکہ کئی جدا جدا دروازوں میں سے داخل ہونا۔ میں اللہ کی طرف سے آنے والی کسی چیز کوتم سے ٹال نہیں سکتا۔ حکم صرف اللہ ہی کا چلتا ہے۔ میرا کامل بھروسہ اُسی پر ہے اور ہر ایک بھروسہ کرنے والے کواُسی پر بھروسہ کرنا چاہیئے۔''

یعنی میری احتیاط اللہ تعالیٰ کے فیصلہ اور حکم کو نہیں روک سکتی، مگر میں اللہ تعالیٰ پریقین رکھتا ہوں کہ جس چیز کو وہ پسند کرے وہی بہتر ہے۔

نبی ﷺ نے وضاحت فرمائی ہے کہ مؤمن کو ہر وقت اللہ تعالیٰ کے حکم یا فیصلے پر راضی رہنا چاہیئے، جب وہ اسے زندگی میں کوئی آسانی اور خوشی عطا کرے تو وہ اُس سے خوش ہو اور اُس پر اللہ تعالیٰ کا شکریہ ادا کرے۔ اسی طرح جب اس کو کوئی مصیبت لاحق ہو تو صبر کرے۔ آپ ﷺ نے فرمایا ہے:

$$ ((اِنْ اَصَابَتْهُ سَرَّاءُ شَکَرَ فَکَانَ خَیْراً لَّہٗ، وَاِنْ اَصَابَتْهُ ضَرَّاءُ صَبَرَ فَکَانَ خَیْراً لَّہٗ)) $$

''جب مؤمن کو زندگی میں آسانی دی جائے تو وہ شکریہ ادا کرتا ہے،اور یہی اس کے لئے بہتر ہے۔اور اگر اسے کوئی مصیبت لاحق ہوتی ہے تو وہ صبر کرتا ہے،اور یہی اس کے لئے بہتر ہے۔''

---

۲ صحیح بخاری و مسلم، حدیث نمبر: ۲۹۹۹ بحوالہ مختصر تفسیر ابن کثیر فاعی ۴؍۲۵۰ نیز دیکھیئے تخریج حدیث نمبر۱، کیونکہ یہ اسی حدیث کا آخری حصہ ہے۔

تمہیں تمہاری استطاعت کے مطابق آزمایا جائے گا

اللہ تعالیٰ نے ہر انسان کے حق میں اتنی ہی مصیبتیں اور مشکلات لکھی ہیں، جتنی اس کی استطاعت اور ایمانی قوت ہے۔ یہ نا انصافی ہوتی اگر ہر کسی کو ایک ہی جیسی مصیبت سے آزمایا جاتا اور ناکامیابی پر اسی طرح سزا دی جاتی، کیونکہ کچھ لوگ دوسروں کی نسبت زیادہ صبر کی استطاعت رکھتے ہیں۔ یہ تو اللہ تعالیٰ کا انصاف اور اپنی مخلوق پر مہربانی، شفقت اور رحم دلی ہے، جس کی بدولت وہ اپنے بندوں کو ان کی استطاعت کے مطابق آزماتا ہے اور اُسی کے مطابق ان کی نافرمانی کے بدلے میں انھیں سزا بھی دیتا ہے۔ قرآنِ کریم میں بار بار اس بات کا تذکرہ کیا گیا ہے۔ چنانچہ ارشادِ الٰہی ہے:

﴿لَا يُكَلِّفُ اللّٰهُ نَفْسًا اِلَّا وُسْعَهَا ، لَهَا مَا كَسَبَتْ وَعَلَيْهَا مَا اكْتَسَبَتْ﴾

(سورۃ البقرہ:۲۸۶)

''اللہ تعالیٰ کسی جان کو اس کی طاقت سے زیادہ تکلیف نہیں دیتا، جو نیکی وہ کرے وہ اس کے لئے اور جو برائی وہ کرے اس کا وبال بھی اس پر ہے۔''

اللہ تعالیٰ کے اس انصاف پسندانہ قانون کے تحت، علماء کرام نے صبر کو فرض قرار دیا ہے۔ اور جب یہ بات طے شدہ ہے کہ حادثات آدمی کو اُس کی استطاعت کے مطابق ہی متاثر کرتے ہیں، تب تو اس شخص میں ضرور ہی استطاعت ہوگی جس سے کہ وہ سختیوں کو برداشت کر

سکے اور صبر کرنے والا بن جائے۔ اِس کے بعد اُس پر حرام ہے کہ وہ بے صبری کا مظاہرہ کرے، یا انتہائی جوش وغصہ کا مظاہرہ کرے، یا ایسی کوئی حرکت کرے یا بات کہے جس سے اللہ تعالیٰ کے فیصلہ پر ناپسندیدگی ظاہر ہو رہی ہو، جیسا کہ لمبی دردناک چیخ، کپڑوں کا پھاڑنا، گال پیٹنا وغیرہ۔ جزا کے دن بندے سے اس کی ہر اُس حرکت پر پوچھ گچھ ہوگی جس سے منع کیا گیا تھا اور اس سے بچنے کی بندے میں استطاعت تھی۔ امام بخاریؒ و مسلمؒ نے اپنی اپنی صحیح میں حضرت ابوموسیٰ اشعری رضی اللہ عنہ سے حدیث روایت کی ہے:

((اَنَّ رَسُوْلَ اللّٰهِ بَرِیٌّ مِنَ الصَّالِقَةِ وَالْحَالِقَةِ وَالشَّاقَّةِ)) [3]

''نبی ﷺ بین کرنے والی، سر منڈوانے والی اور کپڑے پھاڑنے والی عورت سے بری ہیں۔''

ہر اس طرح کے عمل کو علماء کرام نے بالاجماع حرام قرار دیا ہے۔ (یعنی کسی مصیبت کے وقت یا کسی عزیز کی موت پر اس طرح کی حرکت کرنے والوں سے نبی ﷺ نے براءت کا اظہار کیا ہے۔مترجم) پھر بھی اللہ تعالیٰ اپنے بندوں کو ایسی حرکات پر سزا نہیں دیتا جو اسکے اختیار میں نہ ہوں۔ مثال کے طور پر کسی کو اپنے آنسوں اور اپنے دل کے جذبات پر قابو نہ ہو۔ ہو سکتا ہے کہ کوئی اپنے کسی عزیز کے چلے جانے سے یا کسی چیز کے کھو جانے سے، جس سے وہ محبت کرتا ہو، بہت زیادہ غمگین اور دکھی ہو جائے۔ اللہ تعالیٰ اپنے بندوں کے آنسوں اور دل کے دکھوں کو صحیح طریقہ سے ظاہر کرنے پر انہیں سزا نہیں دیتا۔ مگر بندے کیلئے یہ ضروری ہے کہ وہ دماغ سے گزرنے والی ہر برائی کو ناپسند کرے اور زبان کو ایسی ہر بات کہنے سے روکے رکھے، جس سے

---

[3] بخاری ۱۳۲/۳ تعلیقاً، مسلم، حدیث نمبر:۱۰۴، ابوداؤد، حدیث نمبر:۳۱۳۰، نسائی ۲۰/۴

اللہ تعالیٰ کے حکم پر ناراضگی ظاہر ہو۔اللہ کے نبی ﷺ نے اپنے صحابی حضرت سعد بن عبادہ ؓ کی زیارت کی جو کہ بیمار تھے اور آپ ﷺ کے ہمراہ چند صحابہ رضی اللہ عنہم بھی تھے۔اللہ کے نبی ﷺ حضرت سعد بن عبادہ ؓ کو دیکھ کر رو دیئے اور دوسرے صحابہ رضی اللہ عنہم آپ ﷺ کو روتے دیکھ کر رونے لگے۔اس کے بعد آپ ﷺ نے فرمایا:

((اَ لَا تَسْمَعُوْنَ؟ اِنَّ اللّٰهَ لَا يُعَذِّبُ بِدَمْعِ الْعَيْنِ وَلَا بِحُزْنِ الْقَلْبِ، وَلٰكِنْ يُعَذِّبُ بِهٰذَا اَوْيَرْحَمْ،وَاَشَارَ اِلٰى لِسَانِهٖ))

''سنو!اللہ نہیں سزا دیتا آنکھوں سے جاری ہونے والے آنسوؤں یا دل پر گزرنے والے دکھوں پر،مگر وہ سزا دیتا ہے اِس کی وجہ سے(اور آپ ﷺ نے اپنی زبان کی طرف انگلی سے اشارہ کیا)اور اسی کی وجہ سے رحم کرتا ہے۔''

جب اللہ کے نبی ﷺ کے بیٹے ابراہیم ؓ اپنی زندگی کی آخری سانسیں لے رہے تھے،آپ ﷺ ان کے قریب گئے اور آپ ﷺ کی آنکھیں آنسوؤں سے بھر آئیں۔ حضرت عبدالرحمٰن ابن عوف ؓ نے آپ ﷺ سے کہا:''کیا آپ بھی اے اللہ کے نبی ﷺ!(رو رہے ہیں)''نبی ﷺ نے جواب دیا:((یَا ابْنَ عَوْفٍ! اِنَّهَا رَحْمَةٌ)) ''اے ابن عوف ؓ!یہ رحمت ہے۔''اس کے بعد آپ ﷺ نے مزید فرمایا:

((اِنَّ الْعَيْنَ تَدْمَعُ وَالْقَلْبَ يَحْزَنُ وَلَا نَقُوْلُ اِلَّا مَا يُرْضِى رَبَّنَا،وَاِنَّا بِفِرَاقِكَ يَا اِبْرَاهِيْمُ لَمَحْزُوْنُوْنَ))۵

---

۴ صحیح بخاری ۱۴۰/۳۔۱۴۱، صحیح مسلم، حدیث نمبر:۹۲۴

۵ صحیح بخاری ۱۳۹/۳۔۱۴۰، صحیح مسلم حدیث نمبر:۲۳۱۵، ابوداؤد،حدیث:۳۱۲۶

''آنکھیں روتی ہیں اور دل دکھی ہو جاتا ہے اور ہم کچھ نہیں کہتے سوائے اس کے کہ جو ہمارے رب کو خوش کرے۔اے ابراہیم! تمہاری جدائی سے ہم غمگین ہیں۔''

ہونی ہو کر رہے گی

اس زمین پر کچھ بھی نہیں ہوتا سوائے اس کے کہ جو لوحِ محفوظ (پریزروڈ ٹیبلٹ) میں درج کیا جا چکا ہے۔اللہ تعالیٰ نے ہر اس چیز کے متعلق جو کہ مخلوق کے بارے میں ہے لوحِ محفوظ میں درج کر رکھا ہے۔ذریعہ مُعاش،رزق،عمر،اعمال وغیرہ؛یہ سب مخلوق کی پیدائش سے پچاس ہزار سال قبل ہی درج کر دیا گیا ہے۔اللہ کے نبی ﷺ نے فرمایا:

((كَتَبَ اللہُ مَقَادِيْرَ الْخَلَائِقِ قَبْلَ اَنْ يَّخْلُقَ السَّمٰوَاتِ وَالْاَرْضَ بِخَمْسِيْنَ اَلْفَ سَنَةٍ)) ٦

''اللہ تعالیٰ نے ہر مخلوق کی قسمت کی مقدار زمین اور آسمانوں کی پیدائش سے پچاس ہزار سال قبل بھی لکھ رکھی ہے۔''

اسی طرح ہر حادثہ جس سے بندہ دو چار ہوتا ہے،اس کو بھی اللہ نے پہلے ہی مقدر میں لکھ دیا ہے۔ اللہ تعالیٰ کا ارشاد ہے:

﴿مَاۤ اَصَابَ مِنْ مُّصِيْبَةٍ فِی الْاَرْضِ وَلَا فِیۤ اَنْفُسِكُمْ اِلَّا فِیۡ كِتٰبٍ مِّنْ قَبْلِ اَنْ نَّبْرَاَهَا،اِنَّ ذٰلِكَ عَلَى اللہِ يَسِيْرٌ﴾ (سورۃ الحدید: ٢٢ـ٢٣)

''نہ کوئی مصیبت دنیا میں آتی ہے نہ (خاص) تمہاری جانوں میں،مگر اس سے

پہلے کہ ہم اس کو پیدا کریں، وہ ایک خاص کتاب (لوحِ محفوظ) میں لکھی ہوئی ہے، یہ (کام) اللہ تعالیٰ پر (بالکل) آسان ہے۔''

اللہ تعالیٰ نے (اس سورۃ الحدید کی اگلی آیت میں) مقدّر میں پہلے سے لکھے جانے کی وجہ یوں بیان فرمائی کہ اگر کسی پر کوئی مصیبت آ پہنچے تو وہ مایوس نہ ہو جائے اور نہ ہی کسی چیز کے حاصل کر لینے پر فخر اور غرور کرنے لگے، کیونکہ مصیبت کبھی بھی آن پڑتی ہے اور وہ پہلے سے ہی اس کے لئے متعیّن ہے اور تمام رحمتیں صرف اللہ ہی کی طرف سے ہیں۔ پس جو کوئی چیز، مشکل یا خیر میں سے اسے پہنچے وہ اُس سے ٹل نہیں سکتی تھی اور جو کوئی چیز اس سے ٹل جائے وہ اس تک پہنچ نہیں سکتی تھی۔ یہ عقیدہ، ایمان کا ایک اہم حصہ ہے۔ نبی ﷺ سے پوچھا گیا:

((مَا الْإِيْمَانُ؟))

''ایمان کیا ہے؟''

تو آپ ﷺ نے فرمایا:

((اَلْإِيْمَانُ اَنْ تُؤْمِنَ بِاللّٰهِ وَمَلَائِكَتِهِ وَكِتَابِهِ وَلِقَائِهِ وَرُسُلِهِ وَتُؤْمِنَ بِالْبَعْثِ الْآخِرِ)) ے

''ایمان؛ اللہ، اس کے فرشتوں، اس کی کتابوں، اس کے رسولوں، آخرت (اور اچھی و بُری تقدیر) کو ماننے کا نام ہے۔''

اس کے ساتھ ہی بندے کو چاہئے کہ ایسی باتوں سے بچے کہ اگر میں یہ کرتا تو اس کا انجام ایسا ہوتا یا اس حادثہ سے بچ جاتا وغیرہ۔ اللہ کے نبی ﷺ فرماتے ہیں:

ے مختصر صحیح بخاری للزبیدی مع انگلش ترجمہ صفحہ ٥٧، حدیث: ٤٧، صحیح مسلم ١/٣٠
٨ صحیح مسلم ٨/٥٦، حدیث: ٦٤٤١

((وَإِنْ أَصَابَكَ شَيْئٌ فَلَا تَقُلْ لَوْ أَنِّيْ فَعَلْتُ كَذَا كَانَ كَذَا وَكَذَا
وَلٰكِنْ قُلْ: قَدَرُ اللّٰهِ وَمَا شَآءَ فَعَلَ فَإِنَّ ''لَوْ'' تَفْتَحُ عَمَلَ الشَّيْطَانِ)) ۸

''اور کوئی چیز (مصیبت کی شکل میں) تمہارے پاس آجائے ، تو یہ مت کہو کہ،
اگر میں ایسا نہ کرتا تو یہ نہ ہوتا وغیرہ وغیرہ، بلکہ یہ کہو:اللہ نے وہی کیا جو ہونا تھا۔
اور تمہارا ''اگر'' شیطان کے لئے دروازے کھولتا ہے۔''

اللہ تعالیٰ کا وعدہ ہے کہ وہ مؤمنوں کے دلوں کو صحیح راہ دکھلائے گا اور انہیں سکون عطا کرے گا
بشرطیکہ وہ قیاس آرائیوں سے بچتے رہیں۔اللہ تعالیٰ فرماتا ہے:

﴿مَآ أَصَابَ مِنْ مُّصِيْبَةٍ اِلَّا بِاِذْنِ اللّٰهِ وَمَنْ يُّؤْمِنْمْ بِاللّٰهِ يَهْدِ
قَلْبَهٗ، وَاللّٰهُ بِكُلِّ شَيْءٍ عَلِيْمٌ﴾   (سورۃ التغابن : ۱۱)

''کوئی مصیبت اللہ کی اجازت کے بغیر نہیں پہنچ سکتی، جو اللہ پر ایمان لائے،
اللہ اس کے دل کو ہدایت دیتا ہے اور اللہ ہر چیز کو خوب جاننے والا ہے۔

حضرت ابن عباس رضی اللہ عنہما نے فرمایا:''اللہ کا بندے کے دل کو راہ دکھانے کا مطلب یہ ہے
کہ اللہ اس کے دل کو یقین عطا کر دیتا ہے۔''

اس سے بندے کو یہ علم ہو جائے گا کہ جو مصیبت اُس تک پہنچ گئی وہ اس سے ٹل نہیں سکتی تھی اور جو
مصیبت بندے سے ٹل گئی وہ اس تک پہنچ نہیں سکتی تھی۔ ۹

امام ابن کثیر اپنی تفسیر میں لکھتے ہیں:''کسی مصیبت سے دوچار ہونے کے بعد اگر بندہ
یہ ایمان رکھے کہ یہ سب اللہ تعالیٰ کے حکم اور فرمان سے ہوا ہے،اور وہ صبر کرتے ہوئے اسے

سہہ لے اور اللہ تعالیٰ سے جزا کی امید رکھے،تو اللہ تعالیٰ اس کے دل کی راہنمائی کریگا اور اِس زندگی میں کھوئی ہوئی چیز کے عوض میں اُس کے دل کو نورِ ہدایت سے منور اور اس کے ایمان کو تقویت دے گا۔اور جو کچھ بندے نے کھویا،اس کی تلافی بھی اللہ تعالیٰ کر دیتا ہے کم از کم اسکے برابر یا اس سے بھی کوئی اچھی چیز عطا کر دیتا ہے۔

مصیبتیں : رحمت کی ایک قسم

مصیبتیں مؤمنوں کے لئے سختیوں کے علاوہ بہت کچھ فائدے بھی لاتی ہیں :

🏵 سختیاں مؤمن کو صبر کرنا سکھلاتی ہیں اور اللہ صابرین کو بے حساب انعامات دیتا ہے۔

🏵 تکالیف گناہ گار بندے کو اِس زندگی کی سب سے بڑی مصیبت کی یاد دلاتی ہے،جیسے موت،جو اسکو بھی آسکتی ہے۔ یہ اس کو سخت سزاؤں کی یاد دلاتی ہے،جو اللہ تعالیٰ کی نافرمانی کے نتیجے میں آسکتی ہیں۔ جب کوئی انحراف کر جائے تو وہ شاذونادر ہی کسی چیز کی طرف توجہ کرتا ہے،مگر جب کوئی بڑی مصیبت اس پر حملہ آور ہو جاتی ہے تو وہ اس کو اللہ تعالیٰ کی اور اسکے سخت ترین عذاب کی یاد دلاتی ہے۔

اللہ فرماتا ہے :

﴿وَلَنُذِيقَنَّهُمْ مِّنَ الْعَذَابِ الْأَدْنىٰ دُونَ الْعَذَابِ الْأَكْبَرِ لَعَلَّهُمْ يَرْجِعُوْنَ﴾ (سورۃ السجدہ:۲۱)

''بالیقین ہم انہیں قریب کے چھوٹے سے بعض عذاب،اس بڑے

عذاب کے سوا چکھائیں گے، تا کہ وہ لوٹ آئیں۔''

اسی طرح مصیبتیں، اپنے گناہوں اور ان سے پیدا ہونے والے ہیبت ناک انجام پر غور وفکر کرنے کی دعوت دیتی ہیں۔ اِس کے نتیجے میں، وہ اپنی غلطیوں کو تسلیم کرے گا اور توبہ کرتے ہوئے اللہ کی طرف لوٹے گا۔ یوں، دنیوی مشکلات گناہ گار کے لئے رحمت کا کام کرتی ہیں۔

❈ مومن کے اذیتیں سہنے سے اس کے گناہوں کا بوجھ کم ہوجاتا ہے اور وہ آخرت کے سخت ترین اور نا قابل برداشت عذاب سے آزاد ہوجاتا ہے۔ اللہ کے نبی ﷺ نے فرمایا ہے:

((مَا يَزَالُ الْبَلَاءُ بِالْمُؤْمِنِ وَالْمُؤْمِنَةِ فِي نَفْسِهِ، وَوَلَدِهِ وَمَالِهِ حَتّٰى يَلْقَى اللهَ وَمَا عَلَيْهِ خَطِيئَةٌ)) [۱]

''مصیبتوں کا نزول مؤمن مرد وعورت کے جان ومال اور عیال پر اُس وقت تک جاری رہتا ہے جب تک کہ وہ گناہوں سے پاک ہوکر اپنے اللہ سے نہ مل جائیں۔''

اسی طرح ارشادِ نبوی ﷺ ہے:

((مَا يُصِيبُ الْمُسْلِمَ مِنْ نَصَبٍ وَلَا وَصَبٍ وَلَا هَمٍّ وَلَا حَزَنٍ وَلَا أَذًى وَلَا غَمٍّ، حَتَّى الشَّوْكَةِ يُشَاكُهَا، إِلَّا كَفَّرَ اللهُ بِهَا مِنْ خَطَايَاهُ)) [۱۱]

''کسی مسلمان کو جب کوئی تھکاوٹ، تکلیف و بیماری، پریشانی وغم، دکھ درد اور کوئی اذیت پہنچتی ہے، حتی کہ جب کوئی کانٹا بھی چبھتا ہے تو اللہ اسکے بدلے اسکے

<hr>

[۱۰] ترمذی، مسند احمد، مستدرک حاکم، ابو یعلی، بزار-الصحیحة ۳۴۹/۵، حدیث: ۲۲۸۰

[۱۱] صحیح بخاری ومسلم بحوالہ مشکوٰة بتحقیق الالبانی ۴۸۶/۱، حدیث: ۱۵۳۷

گناہ معاف کردیتا ہے۔''

اس دنیا کی مصیبتیں (یا اذیتیں) جھیلنا آخرت کے سخت عذاب کے مقابلے میں بہت ہی کم اور غیر اہم ہے۔ مزید برآں جب انسان مر جاتا ہے تو اس دنیا کی اذیتیں ختم ہو جاتی ہیں، مگر آخرت کی سزا دائمی ہے!!! تاہم اللہ تعالیٰ جو انتہائی مہربان ہے، بہت سارے گناہ معاف کردیتا ہے۔ اور وہ قرآن کریم میں فرماتا ہے:

﴿وَمَآ اَصَابَكُمْ مِّنْ مُّصِيْبَةٍ فَبِمَا كَسَبَتْ اَيْدِيْكُمْ وَيَعْفُوْا عَنْ كَثِيْرٍ﴾

(سورۃ الشوریٰ: ۳۰)

''تمہیں جو کچھ مصیبتیں پہنچتی ہیں وہ تمہارے اپنے ہاتھوں کے کرتوت کا بدلہ ہیں، اور وہ تو بہت سی باتوں سے درگزر فرمالیتا ہے۔''

اگر ہمیں اللہ تعالیٰ ہماری ہر برائی اور بد عملی پر سزا دیتا، تو ہر چیز جو اِس زمین پر ہے وہ ساری کی ساری برباد کردی جاتی۔ سورۂ فاطر میں اللہ تعالیٰ فرماتا ہے:

﴿وَلَوْ يُؤَاخِذُ اللّٰهُ النَّاسَ بِمَا كَسَبُوْا مَاتَرَكَ عَلٰى ظَهْرِهَا مِنْ دَآبَّةٍ وَّلٰكِنْ يُّؤَخِّرُهُمْ اِلٰى اَجَلٍ مُّسَمًّى، فَاِذَا جَآءَ اَجَلُهُمْ فَاِنَّ اللّٰهَ كَانَ بِعِبَادِهٖ بَصِيْرًا﴾

(سورہ فاطر: ۴۵)

''اور اگر اللہ تعالیٰ لوگوں پر ان کے اعمال کے سبب داروگیر فرمانے لگتا تو روئے زمین پر ایک جاندار کو نہ چھوڑتا، لیکن اللہ تعالیٰ ان کو ایک میعادِ معیّن تک مہلت دے رہا ہے، سو جب ان کو وہ میعاد آ پہنچے گی، اللہ تعالیٰ اپنے بندوں کو آپ دیکھ لے گا۔''

یہ تو اللہ تعالیٰ کی عظیم مہربانی ہے کہ وہ ہمیں ہمارے بہت سارے برے اعمال بخش دیتا ہے اور اُس نے زندگی کی معمولی مصیبتوں کو آخرت کے سخت اور شدید عذاب کے بدلے میں کفارہ بنا

رکھا ہے۔ اللہ کے نبی ﷺ نے فرمایا ہے:

((اِذَا اَرَادَ اللّٰهُ بِعَبْدِهِ الْخَيْرَ عَجَّلَ لَهُ الْعُقُوبَةَ فِی الدُّنْيَا، وَاِذَا اَرَادَ بِعَبْدِهِ الشَّرَّ اَمْسَکَ عَنْهُ بِذَنْبِهِ حَتّٰی يُوَافِیَ بِهِ يَوْمَ الْقِيَامَةِ)) [12]

''جب اللہ اپنے بندے کے ساتھ بھلائی کا معاملہ کرنا چاہے تو اِس زندگی میں ہی اُس کو سزا دے دیتا ہے اور جب وہ اپنے بندے سے انتقام لینا چاہے تو وہ اُس کے گناہوں پر اُس کی گرفت نہیں کرتا ہے اوران کا فیصلہ حساب کے دن کرتا ہے۔''

❁ مصیبتیں مؤمن میں اطاعت وانکساری پیدا کرتی ہیں۔ مثال کے طور پر جب مؤمن بیمار ہو جاتا ہے، وہ اپنی کمزوری اور اللہ کی طرف اپنی ضرورت کو محسوس کرتا ہے اور اس سے اپنی صحت کی دعاء کرتا ہے اور جب اللہ اسے صحت عطا کرتا ہے، تو وہ اُس کیلئے آسانی پیدا کرنے پر اللہ کا شکریہ ادا کرتا ہے اور ساتھ ہی وہ زیادہ سے زیادہ اس کی عبادت گزاری کرنے لگتا ہے۔ اگر وہ ہمیشہ کیلئے صحت مند رہتا تو ہو سکتا تھا کہ وہ مغرور ہو جاتا۔ اسی طرح اگر وہ ہمیشہ بیمار رہتا تو ہو سکتا تھا کہ اسے اللہ تعالیٰ کی عبادت کرنے کا موقعہ ہی نہ ملتا اور نہ ہی وہ اسکا شکر گزار بنتا۔

یہ اور دنیوی مشکلات ومصائب کے باعث ملنے والی دوسری بہت ساری بھلائیاں سب مل کر مؤمن کیلئے اللہ کی بے حساب رحمتیں بن جاتی ہیں۔ اِس کے علاوہ دنیوی مصائب ومشکلات مؤمن میں روحانی ترقی کے لئے بھی ضروری ہیں، کیونکہ یہ اس کو گناہوں سے پاک کرتی ہیں، پرخلوص طریقہ سے اللہ تعالیٰ کی عبادت کرنے میں مدد کرتی ہیں، اور اسے دین کو قائم

---

[12] ترمذی، حاکم، طبرانی، شعب الایمان، ابن عدی، صحیح الجامع ١١٨/١، حدیث: ٣٠٨

کرنے میں مدد دیتی ہیں ۔یہی وجہ ہے کہ اللہ تعالیٰ کے تمام پیغمبر اور ان کے ماننے والے مصیبتوں پر بھی راضی رہتے تھے ۔اللہ کے نبی ﷺ فرماتے ہیں :

((اَشَدُّ النَّاسِ بَلَاءً الْاَنْبِيَاءُ ثُمَّ الصَّالِحُونَ،اَنْ کَانَ اَحَدُهُمْ لَیُبْتَلیٰ بِالْفَقْرِ حَتّٰی مَا یَجِدُ اَحَدُهُمْ اِلَّا الْعَبَاءَ ۃَ الَّتِیْ یَجُوبُهَا،وَاَنْ کَانَ اَحَدُهُمْ لَیَفْرَحُ بِالْبَلَاءِ کَمَا یَفْرَحُ اَحَدُکُمْ بِالرَّخَاءِ)) ۱۳

''سب سے زیادہ مصیبتیں پیغمبروں کو پہنچائی گئیں، پھر صالحین کو۔ واقعی ان میں سے کسی کو غربت سے اتنا آزمایا گیا کہ وہ کچھ بھی نہ پہن سکے سوائے ایک گھر درے چغہ کے،اور وہ لوگ مصیبتوں کو جھیلنے میں اتنے ہی خوش رہتے تھے جیسا کہ تم آرام پانے پر خوش رہتے ہو۔''

دنیوی مشکلات ومصائب کے باعث ملنے والی اِن جیسی بہت ساری بھلائیوں کو جاننے سے مؤمن کو صبر ودلاسہ ملتا ہے اور اسکے لئے اذ یتیں جھیلنے میں آسانی پیدا ہو جاتی ہے ۔

مصائب ومشکلات کی تمنّا نہ کرنا

مناسب طریقہ سے دنیوی مصیبتوں کو برداشت کرنا اور اس کے بدلے میں بہت ساری بھلائیاں، نعمتیں اور آخرت کے عذاب سے چھٹکارا پانے کی تمنّا کرنا ناروا ہے ۔لیکن دنیوی مصیبتیں جو کہ مؤمن کے لئے بہت ساری بھلائیاں حاصل کرنے کا ذریعہ ہوتی ہیں اسکے

۱۳ ابن ماجہ،طبقات ابن سعد،مستدرک حاکم ،الصحیحۃ للالبانی ۲۲۶/۱، حدیث: ۱۴۴

باوجود، اللہ تعالیٰ نے اپنے بندوں کو مصائب ومشکلات کی تمنّا کرنے سے منع فرمایا ہے۔

اولاً: اسکی پہلی وجہ تو یہ ہے کہ اللہ تعالیٰ ہی بہتر جانتا ہے کہ اسکا بندہ کتنی سختی برداشت کرسکتا ہے اور اسی حساب سے ان کے لئے مصیبتیں متعیّن کررکھی ہیں۔ اور اگر کسی نے زیادہ تکالیف مانگ لیں تو وہ ضرور ہی ناشکری اور ناامیدی میں گھر سکتا ہے! مزید براں یہ کسی کیلئے بھی ممکن نہیں کہ وہ اپنے گناہوں کی سزا اِس زندگی میں جھیلے یا برداشت کرسکے۔ بلکہ، مؤمن کو چاہیئے کہ وہ اللہ تعالیٰ کے رحیم وکریم ہونے کا فائدہ اٹھا کر اُس سے معافی مانگے اور اپنے ایمان کی حفاظت کی دعاء کرے۔ حضرت انس رضی اللہ عنہ سے مروی حدیث میں ہے:

((أَنَّ رَسُوْلَ اللهِ ﷺ عَادَ رَجُلًا مِنَ الْمُسْلِمِيْنَ قَدْ خَفَتَ فَصَارَ مِثْلَ الْفَرْخِ. فَقَالَ لَهُ، رَسُوْلُ اللهِ ﷺ: "هَلْ كُنْتَ تَدْعُوْ بِشَيْءٍ أَوْ تَسْأَلُه إِيَّاهُ؟"قَالَ: نَعَم. كُنْتُ أَقُوْلُ: اَللّٰهُمَّ مَا كُنْتَ مُعَاقِبِيْ بِهِ فِي الْآخِرَةِ، فَعَجِّلْهُ لِيْ فِي الدُّنْيَا. فَقَالَ رَسُوْلُ اللهِ ﷺ: "سُبْحَانَ اللهِ لَا تُطِيْقُه أَوْ لَا تَسْتَطِيْعُهُ، أَفَلَا قُلْتَ: اَللّٰهُمَّ آتِنَا فِي الدُّنْيَا حَسَنَةً وَّفِي الْآخِرَةِ حَسَنَةً وَّقِنَا عَذَابَ النَّارِ"، قَالَ: فَدَعَا اللهُ لَهُ، فَشَفَاهُ)) [۱۴]

''اللہ کے رسول ﷺ نے ایک مرتبہ ایک ایسے مسلمان شخص کی زیارت کی جو اتنا کمزور اور دبلا پتلا تھا جیسا کہ مرغی کا چوزہ، اللہ کے نبی ﷺ نے پوچھا: کیا تم نے خاص دعاء کی یا پھر اللہ سے ایسا کچھ مانگا تا کہ تم اِس طرح ہو جاؤ؟ اُس شخص

---

[۱۴] صحیح مسلم ۲۰۶۸/۴، حدیث: ۲۶۸۸

نے جواب دیا: ہاں! میں اس طرح کہتا ہوں:''اے اللہ جو بھی سزا آخرت میں میرے لئے ہے،وہ اِسی دنیا میں مجھے دے دے۔''اس کے جواب میں اللہ کے نبی ﷺ نے فرمایا:اللہ پاک ہے!تم اُس کی سزا کو برداشت نہیں کر سکتے۔ بہتر تھا کہ تم اس کی بجائے یوں کہتے:''اے ہمارے رب!ہمیں دنیا میں نیکی دے اور آخرت میں بھی بھلائی عطا فرما اور ہمیں عذابِ جہنم سے نجات دے۔'' ''اس کے بعد آپ ﷺ نے اللہ تعالیٰ سے اُس کے تندرست ہونے کی دعا مانگی اور اللہ نے اسے تندرست کر دیا۔''

ثانیاً: مصیبتوں کی تمنّا کرنے سے اللہ تعالیٰ کی آسانیوں اور درگزاریوں کی صفت سے ٹکراؤ پیدا ہوتا ہے۔ہمیں یہ تاکید کی گئی ہے کہ ہم اپنی صحت یابی اور درگزاری کیلئے دعا کیا کریں۔اللہ جو بلند و بالا ہے،اس نے قرآن میں یہ دعا سکھلائی ہے:

﴿رَبَّنَا وَلَا تَحْمِلْ عَلَيْنَا إِصْراً كَمَا حَمَلْتَه، عَلَى الَّذِيْنَ مِنْ قَبْلِنَا﴾

(سورۃ البقرہ:۲۸۶)

''اے ہمارے رب!ہم پر وہ بوجھ نہ ڈال جو تو نے ہم سے پہلے لوگوں پر ڈالا تھا۔''

اگر اللہ آسانیاں عطاء کرے۔۔۔۔۔۔

مؤمن کو چاہیئے کہ جب اللہ تعالیٰ اُس کو آسانی عطاء کرتا ہے تو وہ اُس کا شکر ادا کرے،اور کم از کم یہ ہرگز نہ سمجھے کہ یہ سب اس کے تقویٰ اور سچائی کا نتیجہ ہے۔کیونکہ صرف دنیوی مصائب ومشکلات ہی آزمائش نہیں بلکہ فراغت،دولت اور خوش حالی بھی آزمائشوں کا

حصّہ ہیں۔ اللہ تعالیٰ کا فرمان ہے:

﴿وَنَبْلُوْکُمْ بِالشَّرِّ وَالْخَیْرِ فِتْنَةً﴾   (سورۃ الانبیاء: ٣٥)

''ہم بطریق امتحان تم میں سے ہر ایک کو برائی و بھلائی میں مبتلا کرتے ہیں۔''

مطلب یہ ہے کہ ہم تمہارا امتحان لیں گے، کچھ تکالیف سے اور کچھ آسانیوں سے، تا کہ دیکھیں کہ کون شکر گزار ہے اور کون ناشکرا ہے، کون صبر کرنے والا نکلتا ہے اور کون مایوسیوں میں مبتلا ہو جاتا ہے۔ حضرت علی بن ابو طلحہؒ نے حضرت ابن عباس رضی اللہ عنہما سے روایت بیان کی ہے کہ اللہ تمہارا امتحان لے گا، خیر، شر، مشکلات، کشائش، تنگی دستی، صحت، بیماری، دولت، مفلسی، حلال و حرام، نیکیوں، گناہ اور ہدایت و گمراہی سے۔[۱۵]

رحمت یا زحمت؟

جہاں مصیبتوں کے وقت صبر اور اطاعت مؤمن کے لیے نعمتیں اور رحمتیں لاتے ہیں، وہیں نافرمانی اور بے صبری پر بندے کو اللہ کا قہر، غضب اور سزا اٹھانا پڑتی ہے۔ اللہ تعالیٰ کے نبی ﷺ نے فرمایا ہے:

((اِنَّ عِظَمَ الْجَزَاءِ مَعَ عِظَمِ الْبَلَاءِ وَاِنَّ اللَّهَ اِذَا اَحَبَّ قَوْماً اِبْتَلَاهُمْ فَمَنْ رَضِیَ فَلَهُ الرِّضَا وَمَنْ سَخِطَ فَلَهُ السَّخَطُ))[۱۶]

''اجر کی مقدار مصیبت کی مقدار کے برابر ہوتی ہے۔ جب اللہ کچھ لوگوں

---

[۱۵] ملاحظہ ہو تفسیر ابن کثیر ٣/١٥٦

[۱۶] ترمذی و ابن ماجہ، الصحیحۃ للالبانی ١/٢٢، حدیث: ١٤٦

سے محبت کرتا ہے، تو وہ انہیں مشکلات میں مبتلا کردیتا ہے، جو کوئی اللہ کے لکھے پر صبر کرتا ہے تو وہ اللہ کی رضاء حاصل کرتا ہے۔ اور جو اللہ کے لکھے پر ناخوش ہوتا ہے تو وہ اللہ کے غضب وغصّے کا شکار ہوجاتا ہے۔''

تکالیف میں بندے کا سیدھا سادہ رویہ اور صحیح برتاؤ، دکھ میں بھی خوشی حاصل کرنے کے مواقع پیدا کردیتا ہے اور غموں کو نیکیوں اور اجر میں بدل دیتا ہے!

اللہ تعالیٰ کی خوشنودی اور رحمتوں کو حاصل کرنے کیلئے

صبر

''صبر'' عربی لفظ ہے اور اسکا لغوی معنیٰ ہے، واویلا کرنے سے پرہیز کرنا، باز رہنا، بچنا اور رکنا (مختار الصّحاح رازی وغیرہ)۔ اور اسلامی اصطلاح میں ''صبر'' کا معنیٰ ہے: اپنے آپ کو ناامیدی اور مایوسی سے روکنا، زبانوں کو شکایت کرنے، ہاتھوں کو گالوں پر مارنے اور کپڑوں کو پھاڑنے سے روکنا جبکہ سخت غم اور دباؤ میں ہوں۔ اور جو لوگ ''صبر'' کرنے کی خوبی رکھتے ہیں وہ ضرور اللہ تعالیٰ کی بڑی بڑی رحمتوں سے سرفراز ہوں گے۔ اللہ کے نبی ﷺ سے مروی ہے:

((مَا أُعْطِیَ أَحَدٌ عَطَاءً خَیْراً وَّأَوْسَعَ مِنَ الصَّبْرِ)) ۱؎

''کسی کو بھی صبر سے بہتر اور زیادہ ساتھ دینے والی کوئی بھی چیز نہیں دی گئی۔''

اللہ بلند وبالا نے صبر کرنے والوں سے اتنے اجر کا وعدہ کیا ہے جس کو نہ تو لا جاسکتا ہے اور نہ ہی

نا پایا جا سکتا ہے۔ اللہ تعالیٰ کا فرمان ہے:

﴿اِنَّمَا يُوَفَّى الصَّبِرُوۡنَ اَجۡرَ هُمۡ بِغَيۡرِ حِسَابٍ﴾   (سورۃ الزمر:۱۰)

''صبر کرنے والوں ہی کو ان کا پورا پورا (بے شمار) اجر دیا جاتا ہے۔''

وہ حقیقی صبر جس پر اللہ تعالیٰ نے بغیر حساب کے اجر دینے کا وعدہ کیا ہے، وہ ہے جو مصیبتوں کے شروع ہوتے وقت کیا جائے کہ مصیبت آتے وقت اس کی خبر سنتا ہے اور دل کے غمگین ہونے کے باوجود، نہ وہ ناامید ہوتا ہے اور نہ خوف میں مبتلا ہوتا ہے، بلکہ وہ صبر اختیار کرتا ہے اور اللہ تعالیٰ کے فیصلہ پر مطمئن ہو جاتا ہے۔ پہلے جھٹکے کے بعد والا صبر جبکہ غم میں کمی آچکی ہو وہ حقیقی صبر نہیں ہے، کیونکہ صبر کی حقیقی آزمائش تب ہے جب آدمی مصیبت سے رنجیدہ ہو۔ نبی ﷺ نے فرمایا:

((اِنَّ الصَّبۡرَ عِنۡدَ الصَّدۡمَةِ الۡاُوۡلٰى)) ۱۸

''واقعی صبر صرف وہ ہے جو صدمہ کے آغاز پر کیا جائے۔''

ہر شخص کو چاہتے یا نہ چاہتے ہوئے بھی صبر کا مظاہرہ کرنا ہی پڑتا ہے! سمجھدار شخص وہ ہے جو چاہتے ہوئے صبر کو اختیار کرے اور وہ بھی شروع ہی سے۔ کیونکہ صبر کے فائدوں کو وہ سمجھتا ہے۔ اُس کو اس کا بھی علم ہے کہ صبر کرنے پر اسے جزا ملے گی اور بے صبری میں مبتلا ہوگا تو نکتاللہ تعالیٰ کی ناراضگی کا شکار ہوگا۔ وہ اس بات سے بھی واقف ہے کہ بے صبر شخص غمگین ہونے سے نہ کھویا ہوا موقعہ واپس لا سکتا ہے اور نہ ہی اللہ تعالیٰ کے فیصلہ کو بدل سکتا ہے۔ اس کے برعکس بے

وقوف آدمی وہ ہے جوصرف تب صبر اختیار کرتا ہے، جب اسکے پاس غمگینی اور شکایتوں کے بعد کوئی دوسرا راستہ باقی نہ بچا ہو، اور یہ صبر اسے کوئی اجر نہیں دلا سکتا۔

❈ ❈ ❈

احتساب (امیدِ اجرو ثواب)

دکھ اور پریشانی کا خیال کئے بغیر، ہر مصیبت میں اللہ تعالیٰ سے اجر اور معافی کی امید کے منتظر رہنے کو ''احتساب'' کہتے ہیں۔ احتساب کا اجر صرف جنت ہے، اللہ کے نبی ﷺ نے فرمایا:

((اِنَّ اللہَ عَزَّ وَجَلَّ یَقُوْلُ: اِذَا ابْتَلَیْتُ عَبْدِیْ بِحَبِیْبَتَیْهِ فَصَبَرَ،
عَوَّضْتُهُ مِنْهُمَا الْجَنَّةَ یُرِیْدُ عَیْنَیْهِ)) ۱۹

اللہ تعالیٰ نے کہا ہے: میں جب اپنے کسی بندے کی دونوں آنکھیں چھین لیتا ہوں اور وہ صبر کا مظاہرہ کرتا ہے تو میں اسے انکے معاوضے میں جنت عطا کرتا ہوں۔

ہم فرعون کی بیوی آسیہ کی مثال لے لیتے ہیں۔ انہیں ان کے شوہر نے جو کہ ایک بادشاہ تھا، سختی سے اذیتیں دیں، کیونکہ آسیہ نے اللہ کی توحید کا اقرار کر لیا تھا۔ سخت دکھ میں ہونے کے باوجود، آسیہ اپنے ایمان پر قائم رہیں، بہت زیادہ صبر اور احتساب کا مظاہرہ کیا، اللہ سے دعا کی اور جنت میں ایک گھر مانگا۔ اللہ تعالیٰ نے انکے واقعہ کو قرآن میں بیان فرمایا ہے:

﴿وَضَرَبَ اللہُ مَثَلاً لِّلَّذِیْنَ اٰمَنُوا امْرَاَتَ فِرْعَوْنَ اِذْ قَالَتْ رَبِّ ابْنِ
لِیْ عِنْدَکَ بَیْتًا فِی الْجَنَّةِ وَنَجِّنِیْ مِنْ فِرْعَوْنَ وَعَمَلِهٖ وَنَجِّنِیْ مِنَ

الْقَوْمِ الظَّالِمِيْنَ﴾ (سورۃ التحریم:۱۱)

''اور اللہ تعالیٰ نے ایمان والوں کے لئے فرعون کی بیوی کی مثال فرمائی، جبکہ اس نے دعاء کی کہ اے میرے رب! میرے لئے اپنے پاس جنت میں مکان بنا اور مجھے فرعون سے اور اس کے عمل سے بچا اور مجھے ظالم لوگوں سے خلاصی دے۔''

جب انہوں نے یہ دعاء کی تو آسمان کے دروازے اُن کے لئے کھل گئے، اور انہوں نے جنّت میں اپنا گھر دیکھا۔ اور وہ مسکرائیں۔ فرعون نے حکم دیا کہ ایک بہت بڑا پتھر لایا جائے اور آسیہ کو کچل کر مار دیا جائے۔ مگر اللہ تعالیٰ نے پتھر گرنے سے پہلے انکی روح قبض کر لی۔ اس طرح اللہ تعالیٰ نے آسیہ کو انکے صبر و احتساب پر دو نیکیاں عطاء کیں؛ جنت میں گھر اور فرعون کے فریبی منصوبوں سے حفاظت۔ اور وہ قیامت تک آنے والے لوگوں کے لئے ایک مثال بن گئیں۔ (طبرانی)

استرجاع و دُعاء

اللہ تعالیٰ کی ربّانیت کا اظہار کرنا اور اُس کے حکم کی فرمابرداری کا اپنے الفاظ سے اظہار کرنا، جیسے یہ کہنا:

﴿اِنَّا لِلّٰہِ وَاِنَّا اِلَیْہِ رَاجِعُوْنَ﴾ (سورۃ البقرہ:۱۵۶)

''ہم تو خود اللہ تعالیٰ کی ملکیت ہیں اور ہم اسی کی طرف لوٹنے والے ہیں۔''

اللہ تعالیٰ فرماتا ہے:

﴿وَلَنَبْلُوَنَّکُمْ بِشَیْءٍ مِّنَ الْخَوْفِ وَالْجُوْعِ وَنَقْصٍ مِّنَ الْاَمْوَالِ

وَالْاَنْفُسِ وَالثَّمَرَاتِ وَبَشِّرِ الصّٰبِرِيْنَ ٥ الَّذِيْنَ اِذَآ اَصَابَتْهُمْ مُّصِيْبَةٌ قَالُوْۤا اِنَّا لِلّٰهِ وَاِنَّاۤ اِلَيْهِ رٰجِعُوْنَ ٥ اُولٰٓئِكَ عَلَيْهِمْ صَلَوٰتٌ مِّنْ رَّبِّهِمْ وَرَحْمَةٌ وَّاُولٰٓئِكَ هُمُ الْمُهْتَدُوْنَ ﴿٭﴾ (سورۃالبقرہ: ۱۵۵۔۱۵۷)

''اور ہم کسی نہ کسی طرح تمہاری آزمائش ضرور کریں گے، دشمن کے ڈر سے، بھوک سے، مال و جان اور پھلوں کی کمی سے،اور صبر کرنے والوں کو خوشخبری دے دیجیے ۔ جنہیں، جب کبھی کوئی مصیبت آتی ہے تو کہہ دیا کرتے ہیں کہ ہم تو خود اللہ تعالیٰ کی ملکیت ہیں اور ہم اسی کی طرف لوٹنے والے ہیں ۔ ان پر ان کے رب کی نوازشیں اور رحمتیں ہیں اور یہی لوگ ہدایت یافتہ ہیں ۔''

حضرت ام سلمہ رضی اللہ عنہا نے فرمایا، میں نے نبی ﷺ کو یہ کہتے ہوئے سنا:

((مَامِنْ عَبْدٍ تُصِيْبُهُ، مُصِيْبَةٌ فَيَقُوْلُ:))

''جب کبھی مؤمن پر کوئی مصیبت آتی ہے اور وہ کہتا ہے:''

((اِنَّا لِلّٰهِ وَاِنَّاۤ اِلَيْهِ رٰجِعُوْنَ، اَللّٰهُمَّ اَجُرْنِيْ فِيْ مُصِيْبَتِيْ وَاخْلُفْ لِيْ خَيْراً مِّنْهَا))

''ہم تو خود اللہ تعالیٰ کی ملکیت ہیں اور ہم اسی کی طرف لوٹنے والے ہیں، اے اللہ! میری مصیبتوں پر مجھے اجر عطاء کر، اور میرے لئے اس کو اس چیز سے بدل دے جو اس سے بہتر ہے ۔''

تو اللہ تعالیٰ اُسے ضرور اجر عطا کرتا ہے اور اسے اس کا نعم البدل (پہلے سے بہتر چیز) دے دیتا ہے ۔

<hr>

حضرت ام سلمہ رضی اللہ عنہا نے مزید فرمایا:

((فَلَمَّا تُوُفِّیَ اَبُوْ سَلَمَةَ، قُلْتُ کَمَا اَمَرَنِیْ رَسُوْلُ اللّٰهِ ﷺ فَاَخْلَفَ اللّٰهُ لِیْ خَیْرًا مِنْهُ رَسُوْلَ اللّٰهِ ﷺ)) ۲۰

جب ابوسلمہ (میرے شوہر) انتقال کرگئے تو اللہ تعالٰی نے مجھے نبی ﷺ کی بتائی ہوئی یہ دعاء پڑھنے کی توفیق دی اور اللہ نے ابوسلمہ کے بدلے میں مجھے نبی کریم ﷺ دے دیئے۔

شِکوہ وشکایت

شِکوہ کی دو قسمیں ہیں۔

(۱) پہلی قسم ہے، اللہ تعالٰی سے شکوہ وشکایت کرنا اور یہ صبر کے منافی نہیں ہے۔ اس طرح کے شِکوہ کی بہت ساری مثالیں قرآنِ شریف میں موجود ہیں۔ اور انہیں میں سے ایک حضرت یعقوب علیہ السلام کا شِکوہ ہے، جس میں انہوں نے کہا تھا:

﴿ قَالَ اِنَّمَآ اَشْکُوْا بَثِّیْ وَحُزْنِیْ اِلَی اللّٰهِ ﴾ (سورۂ یوسف: ۸۶)

"میں تو اپنی پریشانی اور رنج کی شکائیت وفریاد اللہ ہی سے کر رہا ہوں۔"

(۲) شِکوہ وشکایت کی دوسری قسم وہ ہے جو انسانوں سے کی جاتی ہے۔ کبھی اچھے الفاظ میں اور کبھی تیڑھے طریقوں سے، جس طرح کہ ہم دیکھتے، اور لوگ مختلف حرکتیں کرتے ہیں۔ جیسے کپڑوں کا پھاڑنا، سر کا مونڈنا، ناراضگی کا اظہار کرنا، وغیرہ۔ یہ سب صرف اپنا دکھ اور غم ظاہر کرنے کیلئے ہے۔ اس طرح کا شِکوہ صبر کے منافی ہے۔ کیونکہ یہ اللہ تعالٰی کے حکم کو نہ ماننے

کی علامت ہے اور اُس پر بھروسے کی کمی کی دلیل ہے۔اس کے علاوہ وہ کوئی بھی اپنی پریشانی یا مصیبت کسی خاص آدمی جیسے قربی دوستوں وغیرہ کے سامنے بیان کرسکتا ہے۔حضرت ابن مسعود رضی اللہ عنہ نے فرمایا کہ وہ نبی ﷺ کی زیارت کیلئے گئے جبکہ آپ ﷺ بیمار تھے۔ انہوں نے نبی ﷺ کو اپنے ہاتھ سے چھوا،اور آپ ﷺ کے بخار کو محسوس کیا۔اور عرض کیا: آپ کو تو شدید بخار ہے۔تو آپ ﷺ نے فرمایا:

((اَجَلْ! اِنِّیْ اُوْعَکُ کَمَا یُوْعَکُ رَجُلَانِ مِنْکُمْ)) [1]

''ہاں! میں بخار میں اتنا مبتلا ہوں جتنا تم میں سے کوئی دو آدمی مبتلا ہوتے ہیں۔''

دنیوی مصائب کا دوسرا پہلو!

سابقہ سطور سے یہ بات واضح ہو چکی ہے کہ دنیوی مصائب ومشکلات ایک امتحان ہیں،ان میں بندے کو چاہئے کہ وہ صبر سے کام لے اور اللہ تعالیٰ کے حکم کی پیروی کرے۔اس کے علاوہ بعض مصیبتیں اور مشکلات ایسی بھی ہوتی ہیں جو مؤمن کے گناہوں اور بدعمالیوں کے نتیجہ میں آتی ہیں۔یہ سب اللہ تعالیٰ کی طرف سے سزا ہے۔اور بدعمالیوں کو چھوڑنے کی تنبیہہ ہے۔تا کہ بندہ اپنے گناہوں پر نادم ہو کر اللہ تعالیٰ کی طرف رجوع کرے۔

﴿وَمَا أَصَابَكُمْ مِّنْ مُّصِيْبَةٍ فَبِمَا كَسَبَتْ أَيْدِيْكُمْ﴾ (سورۃ الشوریٰ: ۳۰)

''تمہیں جو کچھ مصیبتیں پہنچتی ہیں وہ تمہارے اپنے ہاتھوں کے کرتوت کا بدلہ ہیں۔''

یہ بات انتہائی ضروری ہے کہ دنیوی مصائب ومشکلات کی اس نوعیت کو اچھی طرح

سمجھ لیا جائے اور اس پر خصوصی توجہ دی جائے۔ کیونکہ اگر بندہ اللہ تعالیٰ کی تنبیہ پر توجہ نہ دے تو قرآن شاہد ہے کہ اللہ تعالیٰ نے پچھلی قوموں کو سخت ترین سزائیں دیں، جنہوں نے اللہ کی تنبیہ کو پس پشت ڈال کر حد سے تجاوز کیا اور اس کے بعد اللہ تعالیٰ نے انہیں تباہ ہی کر ڈالا۔ اللہ تعالیٰ نے حضرت نوح علیہ السلام کے زمانے میں کافروں کو ایک ہولناک وخوفناک سیلاب سے سزا دی، اور حضرت ہود علیہ السلام کے زمانے میں سزا کے طور پر ایک ہیبت ناک ہوائی طوفان بھیجنے کا فیصلہ کیا، حضرت صالح علیہ السلام کے زمانے میں ایک تباہ کن زلزلے نے مغروروں کا سر جھکا یا اور پھر موت کی نیند سلا دیا، حضرت لوط علیہ السلام کی قوم کی زمین کو اللہ تعالیٰ نے الٹا کر دیا اور اُوپر جلی ہوئی کالی مٹی کے پتھروں کی بارش برسا دی۔ پچھلی قوموں کی یہ داستانیں اور دوسرے واقعات ہمیں اللہ تعالیٰ کی نافرمانی کے برے انجام سے ڈراتے ہیں۔ اللہ تعالیٰ فرماتا ہے:

﴿فَلْيَحْذَرِ الَّذِينَ يُخَالِفُونَ عَنْ اَمْرِہٖ اَنْ تُصِيْبَهُمْ فِتْنَةٌ اَوْيُصِيْبَهُمْ عَذَابٌ اَلِيْمٌ﴾ (سورۃ النور: ۶۳)

''سنو! جو لوگ حکمِ رسول (صلی اللہ علیہ وسلم) کی مخالفت کرتے ہیں، انہیں ڈرتے رہنا چاہئے کہ کہیں ان پر کوئی زبردست آفت نہ آپڑے یا انہیں درد ناک عذاب نہ پہنچے۔''

عذاب اور سزائیں کسی بھی شکل میں آسکتی ہیں۔ آج یہ ایسا لگتا ہے کہ نوعِ انسانی کو اس وقت جو سب سے بڑی اور واقعی سزا مل رہی ہے، وہ ہے ایڈز (AIDS) کی بیماری۔ طب کی تاریخ میں یہ پہلی مرتبہ ۱۹۸۰ء کے دھاکے میں ظاہر ہوئی اور یہ دنیا کی سب سے خطرناک وجان لیوا بیماری ہے۔ ایڈز (AIDS) ایسی مہلک بیماری ہے کہ وہ جسم کی قوتِ مدافعت کو کمزور کر دیتی ہے۔ اور اس کو ہر طرح کی وباؤں سے غیر محفوظ بنا دیتی ہے۔ جس کسی کو ایڈز

(AIDS) لگ جاتی ہے، وہ چند سالوں میں ہی فوت ہوجاتا ہے۔ ایڈز، غلط سلط جنسی سرگرمیوں، ہم جنس پرستی اور منشیات کی وجہ سے پھیلتی ہے۔ اور یہ تمام افعال اللہ تعالیٰ کی حدود سے تجاوز کرتے ہیں، جس نے جنسی تعلقات کو شادی کے پاک بندھن میں باندھ رکھا ہے۔

بعض لوگ یہ اعتراض کرسکتے ہیں کہ ایڈز (AIDS) صرف گناہ گار لوگوں تک ہی محدود نہیں ہے بلکہ پاکباز افراد میں بھی پھیلی ہوئی ہے۔ تو انہیں قرآن کریم کا جواب یہ ہے کہ جب اللہ تعالیٰ کا عذاب آتا ہے تو وہ صرف گنہگاروں تک ہی محدود نہیں بلکہ سارے معاشرے کو متاثر کردیتا ہے۔ اللہ تعالیٰ کا ارشاد ہے:

﴿وَاتَّقُوْا فِتْنَةً لَّا تُصِيْبَنَّ الَّذِيْنَ ظَلَمُوْا مِنْكُمْ خَاصَّةً، وَاعْلَمُوْٓا اَنَّ اللّٰہَ شَدِيْدُ الْعِقَابِ﴾ (سورۃ الانفال: ۲۵)

''اور تم ایسے فتنہ و وبال سے بچو! کہ جو خاص کر صرف ان ہی لوگوں پر واقع نہ ہوگا جو تم میں سے ان گناہوں کے مرتکب ہوئے ہیں اور یہ جان رکھو کہ اللہ سخت سزا دینے والا ہے۔''

وہ مصیبتیں اور آفتیں جو انسان کو متاثر کرتی ہیں۔ ایڈز انہی میں سے ایک بیماری ہے۔ آج ہم بہت ساری انوکھی بیماریوں، غیر متوقع طوفانوں، سیلابوں اور زلزلوں وغیرہ کے بارے میں بہت کچھ سنتے رہتے ہیں جو اس وقت دنیا کے مختلف حصّوں میں رونما ہو رہے ہیں۔

یہ سزائیں اور تنبیہات کفار کے ظلم کی شکل میں بھی آتی ہیں، جیسے کہ آج دنیا کے بہت سارے ممالک میں مسلمانوں پر ظلم ہو رہا ہے اور وہ کفار کے جبر واستبداد کی سختیوں سے مغلوب کردیئے

۲۲ فلسطین، افغانستان، ہندوستان (احمد آباد، گجرات، کشمیر) اور دیگر ممالک وعلاقوں میں

گئے ہیں۔ ۲۲

یہ ہماری اللہ تعالیٰ کے احکام کی نافرمانی کا نتیجہ ہے کہ ہم کفار کی سختیوں اور ظلموں میں گھرے ہوئے ہیں۔ اللہ ہمیں ڈرا رہا ہے اور یاد دلا رہا ہے کہ بچنے کا صرف ایک ہی راستہ ہے اور وہ ہے اللہ تعالیٰ کے قانون کی خلاف ورزی سے باز رہنا۔ اور اپنے آپ کو اللہ تعالیٰ کی حدود کے اندر ہی محدود رکھنا۔ قرآن فرما رہا ہے:

﴿ظَهَرَ الْفَسَادُ فِى الْبَرِّ وَالْبَحْرِ بِمَا كَسَبَتْ أَيْدِى النَّاسِ لِيُذِيْقُوْا بَعْضَ الَّذِىْ عَمِلُوْا لَعَلَّهُمْ يَرْجِعُوْنَ﴾ (سورۂ الروم: ۴۱)

،،خشکی اور تری میں لوگوں کی بداعمالیوں کے باعث فساد پھیل گیا۔ اس لئے کہ انہیں ان کے بعض کرتوتوں کا پھل، اللہ تعالیٰ چکھادے (بہت) ممکن ہے کہ وہ باز آ جائیں۔،،

ہمیں چاہیئے کہ ان تنبیہوں پر غور و فکر کریں اور جلد ہی توبہ کریں اور ان سب کاموں سے دور ہو جائیں جو ہماری تباہی کا باعث بن چکی ہیں۔ اور ہمیں چاہیئے کہ سچائی کی طرف گامزن ہوں اور اپنے رب کو خوش کریں، اس سے پہلے کہ بہت دیر ہو جائے اور کہیں کسی ایسی سزا میں نہ پھنس جائیں کہ جس سے باہر نکلنا ہمارے لئے مشکل ہو جائے!!!

❋ ❋ ❋

مصائب ومشکلات میں: صرف اللہ ہی کو پکارنا

جب تکلیفیں اور مصیبتیں آن پڑتی ہیں تو لوگ مدد و اعانت کو ڈھونڈتے ہوئے مقبروں

اور مزاروں کی طرف بھاگتے ہیں۔ہم انہیں نبیوں اور مُردوں سے دعائیں مانگتے ہوئے دیکھتے ہیں۔اللہ ان کے بارے میں فرماتا ہے:

﴿وَمَنْ اَضَلُّ مِمَّنْ يَّدْعُوْا مِنْ دُوْنِ اللّٰهِ مَنْ لَّا يَسْتَجِيْبُ لَهٗ اِلٰى يَوْمِ الْقِيٰمَةِ وَهُمْ عَنْ دُعَآئِهِمْ غٰفِلُوْنَ﴾ (سورۃ الاحقاف:٥)

''اور اس سے بڑھ کر گمراہ اور کون ہوگا؟ جو اللہ کے سوا ایسوں کو پکارتا ہے جو قیامت تک اسکی دعا قبول نہ کرسکیں بلکہ ان کے پکارنے سے محض بے خبر ہیں۔''

اس بات کو ثابت کرنے کے لئے کہ انکی یہ حرکت سراسر بیکار وفضول ہے، یہاں نبی کریم ﷺ کی صرف ایک حدیث کا تذکرہ ہی کافی ہے۔اللہ کے نبی ﷺ سے پوچھا گیا کہ سب سے زیادہ ومشکلات اور آزمائشوں میں کس کو مبتلا کیا گیا؟ تو آپ ﷺ نے فرمایا:

((اَلْاَنْبِيَاءُ،ثُمَّ الْاَمْثَلُ فَالْاَمْثَلُ يُبْتَلٰى الرَّجُلُ عَلٰى حَسَبِ دِيْنِه فَاِنْ كَانَ دِيْنُهٗ صُلْباً اِشْتَدَّ بَلَاؤُهٗ، وَاِنْ كَانَ فِيْ دِيْنِه رِقَّةٌ ابْتَلَاهُ اللهُ عَلٰى حَسَبِ دِيْنِه،فَمَا يَبْرَحُ الْبَلَاءُ بِالْعَبْدِ حَتّٰى يَمْشِيَ عَلٰى الْاَرْضِ وَمَا عَلَيْهِ خَطِيْئَةٌ)) ٢٤

''لوگوں میں سب سے زیادہ اذیتیں پیغمبروں کو دی گئیں اور پھر دوسرے اچھے لوگوں کو،اور پھر ان سے کم اچھے لوگوں کو۔ ہر کسی کو اسکی اپنی دینی استطاعت کے مطابق اذیتیں دی گئیں۔اگر کسی کا دین پختہ ومضبوط ہے تو پھر اذیتیں بھی سخت ہونگی اور اگر اس کا دین کمزور ہے تو اسکی اذیتیں بھی

____

٢٤ ترمذی،ابن ماجہ،صحیح ابن حبان،دارمی بحوالہ صحیح الجامع١/٢٣١،حدیث ٩٩٣ وصحیح الترغیب ٣٢٩/٣

ہلکی ہوگی۔اسے مصائب ومشکلات میں تب تک مبتلا رکھا جائے گا جب تک
کہ وہ بغیر گناہ کے زمین پر نہ چلنے لگے''

یہ بات سمجھانے کے علاوہ کہ پیغمبروں کو سب سے زیادہ اذیتیں دی گئیں اور پھر ان
کے بعد والے اچھے لوگوں کو اور پھر ان کے بعد والے اچھے لوگوں کو، یہ حدیث توحید باری
تعالیٰ (اللہ کے ایک ہونے) کی بھی دلیل ہے۔ کیونکہ اگر کوئی شخص یہ بات سمجھ جائے کہ پیغمبر اور
صالح لوگ بھی مصیبتوں میں مبتلا ہوئے اور انہوں نے عام مؤمنوں سے بڑھ کر اذیتیں
جھیلیں۔اور انہیں ان مصائب ومشکلات سے اللہ کے سواء کوئی نہ نکال سکا۔تب وہ اچھی طرح
یہ بات بھی سمجھ جائے گا کہ یہ سب انبیاء واولیاء جب خود اپنے آپ کو کوئی فائدہ نہیں دے سکتے
ہیں اور نہ ہی وہ اپنے آپ کو کسی نقصان سے بچا سکتے ہیں، تو پھر وہ دوسروں کی مشکلات کو کیسے دور
کر سکتے ہیں!! نتیجتاً یہ طے ہو جاتا ہے کہ اپنے دکھوں کو دور کرانے کی غرض سے پیغمبروں اور
اولیاء کی طرف رجوع کرنا تو فضول اور اللہ سے ناامیدی والی بات ہے، اس کے برعکس ہر کسی
کو صرف اللہ تعالیٰ کی طرف رجوع کرنا چاہیئے کیونکہ صرف وہی ہمیں نقصان سے بچا سکتا ہے۔

اللہ تعالیٰ نے حضرت ایوب علیہ السلام کا واقعہ بیان کیا ہے، جن کو دولت، اولاد اور جسمانی
صحت چھین کر آزمایا گیا۔ان کے پاس بہت زیادہ جانور، گائے بیل اور فصلیں تھیں۔ بہت
اولاد اور خوبصورت مکانات تھے۔ پھر انہیں آزمائش میں مبتلا کیا گیا، جب وہ اپنی ہر چیز کو
کھو چکے تو انہیں انکے جسم کو بیماری لاحق کر کے آزمایا گیا، بالآخر وہ شہر کے کنارے پر اکیلے رہ
گئے، انکی ایک بیوی کے علاوہ انکا خیال رکھنے والا کوئی نہ تھا۔لیکن حضرت ایوب علیہ السلام کو اللہ
تعالیٰ پر بہت زیادہ بھروسہ تھا، انہوں نے صبر سے کام لیا اور صرف اللہ ہی سے مدد کی دعاء کی۔

جیسا کہ قرآنِ کریم میں ہے:

﴿وَاَیُّوۡبَ اِذۡ نَادٰی رَبَّهٗۤ اَنِّیۡ مَسَّنِیَ الضُّرُّ وَاَنۡتَ اَرۡحَمُ الرّٰحِمِیۡنَ﴾

(سورة الانبیآء: ۸۳)

''ایوب (علیہ السلام) کی حالت کو یاد کرو جبکہ اس نے اپنے پروردگار کو پکارا کہ مجھے یہ بیماری لگ گئی ہے اور تو رحم کرنے والوں سے زیادہ رحم کرنے والا ہے۔''

انکی دعاء و پکار کے جواب میں اللہ تعالٰی نے فرمایا:

﴿فَاسۡتَجَبۡنَا لَهٗ، فَكَشَفۡنَا مَا بِهٖ مِنۡ ضُرٍّ وَّاٰتَیۡنٰهُ اَهۡلَهٗ وَ مِثۡلَهُمۡ مَّعَهُمۡ رَحۡمَةً مِّنۡ عِنۡدِنَا وَذِكۡرٰی لِلۡعٰبِدِیۡنَ﴾

(سورة الانبیاء: ۸۴)

''تو ہم نے انکی دعا سن لی اور جو دکھ انہیں تھا، اسے دور کر دیا اور انھیں اہل و عیال عطا فرمائے، بلکہ اپنی خاص مہربانی سے اتنا ہی اور بھی دیا تا کہ سچے بندوں کیلئے یہ باعثِ نصیحت ہو۔''

قرآن صاف صاف بیان کر رہا ہے کہ جو لوگ مر چکے ہیں وہ کسی زندہ کی مدد نہیں کر سکتے۔ لہٰذا جو کوئی مُردوں کو پکارتا ہے، وہ خسارے میں ہے۔ اسکے علاوہ، اللہ کے سواء دوسروں سے دعاء کرنا اللہ کے ساتھ کسی کو شریک کرنا ہے، جو کہ سب سے بڑا جرم و گناہ ہے، کیونکہ دعاء بھی ایک عبادت ہے، اور وہ صرف اللہ ہی کا حق ہے۔ اللہ تعالٰی فرماتا ہے:

﴿وَقَالَ رَبُّكُمُ ادۡعُوۡنِیۡۤ اَسۡتَجِبۡ لَكُمۡ اِنَّ الَّذِیۡنَ یَسۡتَكۡبِرُوۡنَ عَنۡ عِبَادَتِیۡ سَیَدۡخُلُوۡنَ جَهَنَّمَ دَاخِرِیۡنَ﴾

(سورة المؤمن: ۶۰)

''اور تمہارے رب کا فرمان (صادر ہو چکا) ہے کہ مجھ سے دعا کرو، میں تمہاری دعاؤں کو قبول کروں گا، یقین مانو کہ جو لوگ میری عبادت سے خودسری کرتے ہیں،

وہ عنقریب ذلیل ہوکر جہنم میں پہنچ جائیں گے۔''

دعاء کے عبادت ہونے کا پتہ نبی ﷺ کی حدیث سے چلتا ہے، چنانچہ ارشادِ نبوی ﷺ ہے:

((اَلدُّعَآءُ هُوَ الْعِبَادَةُ)) ۲۴

''دعاء عبادت ہے۔''

اور ارشادِ الٰہی ہے:

﴿وَاِنْ يَّمْسَسْكَ اللّٰهُ بِضُرٍّ فَلَا كَاشِفَ لَهٗ اِلَّا هُوَ وَاِنْ يُّرِدْكَ بِخَيْرٍ فَلَا رَآدَّ لِفَضْلِهٖ يُصِيْبُ بِهٖ مَنْ يَّشَآءُ مِنْ عِبَادِهٖ وَهُوَ الْغَفُوْرُ الرَّحِيْمُ﴾

(سورہ یونس: ۱۰۷)

''اور اگر تم کو اللہ کوئی تکلیف پہنچائے تو سوائے اس کے اور کوئی اس کو دور کرنے والا نہیں ہے اور اگر وہ تم کو کوئی خیر پہنچانا چاہے تو اس کے فضل کا کوئی ہٹانے والا نہیں، وہ اپنا فضل اپنے بندوں میں سے جس پر چاہے کر دے اور وہ بڑی مغفرت، بڑی رحمت والا ہے۔''

اگر بندے اللہ تعالیٰ کی حق تلفی نہیں کرتے ہیں (صرف اللہ تعالیٰ ہی کی عبادت کرتے ہیں) تو اللہ تعالیٰ کا وعدہ ہے کہ وہ انہیں اپنے عذاب وسزا سے بچائے گا اور انکے گناہوں کو معاف کر دیگا۔ جیسا کہ درج ذیل حدیث سے واضح ہوتا ہے۔

حضرت معاذ رضی اللہ عنہ سے مروی ہے کہ نبی ﷺ نے فرمایا:

---

۲۴ مسند احمد، الادب المفرد امام بخاری، سنن اربعہ، ابن حبان، مستدرک حاکم

بحوالہ صحیح الجامع ۶۴۱/۱، حدیث: ۳۴۰۷ وصحیح ابی داؤد، حدیث: ۱۳۲۹

((يَا مُعَاذَ بْنَ جَبَلٍ! هَلْ تَدْرِيْ مَا حَقُّ اللهِ عَلٰى عِبَادِهٖ وَمَا حَقُّ الْعِبَادِ عَلَى اللهِ؟ قُلْتُ: اَللهُ وَرَسُوْلُهٗ اَعْلَمُ، فَقَالَ: فَإِنَّ حَقَّ اللهِ عَلَى الْعِبَادِ اَنْ يَّعْبُدُوْهُ وَلَايُشْرِكُوْا بِهٖ شَيْئاً وَحَقُّ الْعِبَادِ عَلَى اللهِ اَنْ لَّا يُعَذِّبَ مَنْ لَا يُشْرِكُ بِهٖ شَيْئاً.....)) ۲۵

''اے معاذ! کیا تمہیں پتہ ہے کہ اللہ کا اپنے بندوں پر کیا حق ہے؟ اور بندوں کا اُس (اللہ) پر کیا حق ہے؟ میں نے عرض کیا:''اللہ اور اس کا رسول ہی بہتر جانتے ہیں''۔ نبی ﷺ نے فرمایا:''اللہ کا اپنے بندوں پر یہ حق ہے کہ وہ صرف اللہ کی عبادت کریں اور اس کی عبادت میں کسی دوسرے کو شریک نہ ٹھہرائیں اور بندوں کا اللہ پر یہ حق ہے کہ وہ (اگر صرف اسی ہی کی عبادت کرتے ہیں) اور اسکے ساتھ کسی کو شریک نہیں کرتے، تو انہیں عذاب وسزا نہ دے۔''

اللہ کے نبی ﷺ نے حضرت ابن عباس رضی اللہ عنہما کو یہ نصیحت فرمائی تھی:

((اِحْفَظِ اللهَ يَحْفَظْكَ، اِحْفَظِ اللهَ تَجِدْهُ تُجَاهَكَ، اِذَا سَاَلْتَ فَاسْاَلِ اللهَ، وَاِذَا اسْتَعَنْتَ فَاسْتَعِنْ بِاللهِ، وَاعْلَمْ اَنَّ الْاُمَّةَ لَوِ اجْتَمَعَتْ عَلٰى اَنْ يَّنْفَعُوْكَ بِشَئٍ لَمْ يَنْفَعُوْكَ اِلَّا بِشَئٍ قَدْ كَتَبَ،

---

۲۵ صحیح بخاری ومسلم، ترمذی، ابن ماجہ، مسند احمد، بحوالہ مشکوٰۃ ۱۴/۱، حدیث: ۲۴، صحیح الجامع ۱۳۱۹/۲، حدیث ۹۶۸

۲۶ ترمذی، القیامۃ: ۵۹، مسند احمد ۲۹۳/۱، ۳۰۳، ۳۰۷، ابو یعلیٰ، مستدرک حاکم، المختارۃ للضیاء، طبرانی، صحیح الجامع ۱۳۱/۲، حدیث ۹۵۷، مشکوٰۃ ۱۴۵۹/۳، حدیث: ۵۳۰۲، ریاض الصالحین ص ۴۲، حدیث ۶۲

اللّٰہُ لَکَ وَاِنِ اجْتَمَعُوْا عَلٰی اَنْ یَّضُرُّوْکَ بِشَیْئٍ ،لَمْ یَضُرُّوْکَ اِلَّا بِشَیْئٍ قَدْ کَتَبَہُ اللّٰہُ عَلَیْکَ ،رُفِعَتِ الْاَقْلَامُ وَجَفَّتِ الصُّحُفُ)) ۲۶

''اللہ کا حکم مانو ،وہ بھی سیدھی راہ دکھلائے گا اور مدد کرے گا ۔تم اس کی تابع فرمانی کرو تو تم اسے (اسکی مدد وحفاظت) اپنے ساتھ پاؤ گے ،جب تم مانگو ،تو صرف اللہ سے مانگو ،اور جب تم مدد مانگو ،تو صرف اللہ سے مانگو اور یہ بات ذہن نشین کرلو کہ اگر ساری امت (یعنی انسان اور جن) مل کر بھی تمہیں کوئی فائدہ پہنچانا چاہیں ،تو وہ ہرگز تمہیں کوئی فائدہ نہیں پہنچا سکتے ،سوائے اسکے کہ جو اللہ تعالیٰ نے تمہارے لئے لکھ رکھا ہے ،اور اگر وہ سب مل کر بھی تمہیں کوئی نقصان پہنچانا چاہیں تو وہ ہرگز تمہیں کوئی نقصان نہیں پہنچا سکتے ،سوائے اسکے کہ جو اللہ نے تمہارے لئے لکھ رکھا ہے ۔اور قلم کبھی کا اٹھایا جا چکا ہے (اس نے لکھنا بند کردیا ہے) اور تقدیرِ کائنات کے صحیفے سوکھ چکے ہیں ''۔

آپﷺ نے یہ بھی فرمایا ہے:

((مَا مِنْ اَحَدٍ یَدْعُوْ بِدُعَاءٍ اِلَّا اٰتَاہُ اللّٰہُ مَا سَأَلَ ،اَوْ کَفَّ عَنْہُ مِنَ السُّوْءِ مِثْلَہُ،[اَوْیَدَّ خِرُلَہُ مِنْ مِثْلِھَا یَعْنِیْ فِی الْاٰخِرَۃِ] مَالَمْ یَدْعُ بِاِثْمٍ اَوْ قَطِیْعَۃِ رَحِمٍ فَقَالَ رَجُلٌ مِنَ الْقَوْمِ :اِذًا نُّکْثِرُ ،قَالَ :اَللّٰہُ اَکْثَرُ)) ۲۷

''کوئی مسلمان اللہ تعالیٰ سے جب ایسی کوئی دعاء کرتا ہے کہ جس میں کوئی

---

۲۶ مسند احمد ۱۸/۳،ترمذی ،مستدرک حاکم ،مشکوٰۃ ۶۹۳/۲ ،حدیث :۲۲۳۶ ،

۲۷ صحیح الجامع ۹۹۱/۲ ،حدیث :۵۶۷۸

گناہ نہ ہوا ور خون کا کوئی رشتہ منقطع نہ ہوتا ہو، تو اللہ تعالیٰ اسے تین چیزوں میں سے ایک ضرور عطا کر دے گا۔ وہ اس دعا کو قبول کر لے گا، یا اس کو اجر وثواب بنا کر یومِ آخرت تک بچا کر رکھے گا یا اس کے برابر کی کوئی برائی اس سے دور کر دے گا۔ صحابہ رضی اللہ عنھم نے عرض کیا: تب تو ہم بہت زیادہ دعاء کیا کریں گے، تو آپ ﷺ نے فرمایا: اللہ کے پاس تو بہت کچھ ہے۔''

نبی کریم ﷺ کی ایک دوسری حدیث یوں بھی وارد ہے:

((لَا یُغْنِیْ حَزَرٌ مِنْ قَدَرٍ، وَالدُّعَاءُ یَنْفَعُ مِمَّا نَزَلَ وَمِمَّا لَمْ یَنْزِلْ، وَاِنَّ الْبَلَاءَ لَیَنْزِلُ فَیَتَلَقَّاہُ الدُّعَاءُ، فَیَعْتَلِجَانِ اِلٰی یَوْمِ الْقِیَامَۃِ)) ۲۸

''کوئی احتیاط اللہ تعالیٰ کے فرمودہ حکم کو نہیں بدل سکتی۔ دعاء فائدہ مند ہے ہر اس چیز میں جو پہلے سے لکھی جا چکی ہے اور جو پہلے سے نہیں لکھی گئی ہے۔ مصیبت نازل ہوگی اور دعاء اس مصیبت سے ٹکرائے گی (جو پہلے سے لکھی گئی ہے، اور اسے روکے گی) یہ سلسلہ اس وقت تک جاری رہے گا جب تک کہ سوال و جواب کا دن (قیامت) نہ آجائے۔''

❈ ❈ ❈

آزمائش وسزا میں فرق وامتیاز!!

---

۲۸ مستدرک حاکم، صحیح الجامع الصغیر ۹/۲ ۱۲، حدیث: ۳۹، ۷، ترمذی ومسند احمد میں بھی اس مفہوم کی مگر مختصر احادیث حضرت ابن عمر ومعاذ بن جبل رضی اللہ عنھم سے مروی ہیں، دیکھیئے: مشکوٰۃ ۲/۶۹۳، حدیث: ۲۲۳۴، ۲۲۳۵

☜ اگر مصیبتیں اللہ تعالیٰ کی فرمابرداری کے نتیجہ میں ہیں، جیسے جہاد میں زخمی ہونا، ہجرت (اللہ کے لئے ہجرت کرنے) کے دوران پیسیوں کا گم ہوجانا، اسلام قبول کرنے کی وجہ سے نوکری کا کھوجانا، یا پھر کسی کو سنّتِ رسول ﷺ پر عمل کرنے، جیسے داڑھی رکھنے اور تہبند (پتلون یا جامہ) کے ٹخنوں سے اُوپر رکھنے وغیرہ کا نتیجہ ہوں تو اس طرح کے مصائب ومشکلات ایک آزمائش ہیں۔ اور جو کوئی بھی صبر کے ساتھ ان چیزوں کو برداشت کرتا ہے اسے اجر ملے گا اور جو کوئی اس پر ناراضگی و غصے کا مظاہرہ کرے گا تو وہ اللہ کے غضب وغصّہ کو دعوت دے گا۔

☜ اگر مصیبتیں بدکاریوں کی وجہ سے ہیں، جیسے شراب نوشی اور منشیات کے استعمال سے بیماریوں میں مبتلا ہونا وغیرہ، اس طرح کی مصیبت اللہ تعالیٰ کی طرف سے ایک سزا ہے۔ ہر گناہ کے کام سے بچنے کی کوشش کریں اور اگر کبھی کوئی گناہ ہوجائے تو اللہ کی طرف متوجہ ہو کر توبہ کریں اور جلد اس سے معافی مانگ لیں۔ اگر ایسا نہ کیا تو سمجھ لو کہ آخرت کا عذاب بہت سخت اور نا قابل برداشت ہے۔

☜ اگر کوئی مصیبت نہ کسی اچھے کام کا نتیجہ لگتی ہے اور نہ ہی برے کام کا، جیسے کسی قسم کا مرض یا بیماری، بچے کا کھوجانا، کاروبار میں نقصان وغیرہ، اگر ایسا ہے تو آپ کو اپنے کردار کا محاسبہ کرنا چاہیئے۔ اگر آپ کسی بھی طرح اللہ تعالیٰ کی نافرمانی میں مبتلا ہیں تو یہ مصیبت آپ کے لئے ایک

سزا اور برائیوں کو ترک کرنے کی یاد دہانی ہے، اور اگر ایسا نہیں ہے تو اللہ تعالیٰ نے یہ مصیبت اس لئے نازل فرمائی ہے تا کہ وہ آپ کے صبر کو آزمائے۔

ہر وقت یاد رکھو!!!

☆ اذیتیں اور آسانیاں تمہارے لئے آزمائش ہیں۔

☆ ہر اچھی یا بری چیز جسے اللہ آپ کے لئے پسند کرتا ہے، وہ تمہاری بھلائی کے لئے ہی ہوتی ہے۔

☆ جو کچھ آپ کے ساتھ ہوا وہ ٹل نہیں سکتا تھا اور جو کچھ آپ سے ٹل گیا وہ آپ تک پہنچ نہیں سکتا تھا۔

☆ صبر کرنا فرض ہے۔

☆ انعامات صرف ان کے لئے ہوتے ہیں جو اللہ کے فیصلوں پر صبر کریں۔

☆ خوف وگھبراہٹ اور بے صبری اللہ کے حکم یا فیصلہ کو روک نہیں سکتے۔

☆ شکوہ وشکایت صبر کی ضد (برعکس) ہے۔

☆ صرف اللہ ہی نقصان سے بچا سکتا ہے اور وہی آپ کی تکلیفوں کو دور کر سکتا ہے۔

دنیا میں عیش کوشی کرنے اور تنگدستی میں زندگی گزارنے والوں کی نظر سے، جہنّم کی شدّتوں اور جنّت کی نعمتوں کا اندازہ

اس سلسلہ میں حضرت انس رضی اللہ عنہ سے مروی ہے کہ اللہ کے نبی صلی اللہ علیہ وسلم نے فرمایا:

((يُؤْتٰى بِاَ نَعِم اَهْلِ الدُّنْيَا مِنْ اَهْلِ النَّارِ يَوْمَ الْقِيَامَةِ، فَيُصْبَغُ فِى النَّارِ صَبْغَةً ثُمَّ يُقَالُ: يَا ابْنَ آدَمَ! هَلْ رَأَيْتَ خَيْراً قَطُّ؟ هَلْ مَرَّ بِكَ نَعِيْمٌ قَطُّ؟ فَيَقُوْلُ: لَا وَاللّٰهِ! يَارَبِّ. وَيُؤْتٰى بِاَشَدِّ النَّاسِ بُؤْساً فِى الدُّنْيَا مِنْ اَهْلِ الْجَنَّةِ فَيُصْبَغُ صَبْغَةً فِى الْجَنَّةِ، فَيُقَالُ لَهُ: يَاابْنَ آدَمَ! هَلْ رَأَيْتَ بُؤْساً قَطُّ؟ هَلْ مَرَّ بِكَ شِدَّةً قَطُّ؟ فَيَقُوْلُ: لَا، وَاللّٰهِ! يَارَبِّ! مَا مَرَّ بِى بُؤْسٌ قَطُّ وَلَا رَأَيْتُ شِدَّةً قَطُّ)) ۲۹

''جہنم کے مستحق لوگوں میں سے ایک شخص جو اس دنیا میں خوب عیش وخوشی کی زندگی بسر کر چکا ہوگا، قیامت کے دن اس کو صرف ایک مرتبہ جہنم کی آگ میں ڈبویا جائے گا اور پوچھا جائے گا: اے ابنِ آدم! کیا تم نے کوئی بھلائی پائی؟ کیا تم نے کوئی رحمت حاصل کی؟ وہ کہے گا: اللہ کی قسم! نہیں، اے میرے رب!

---

۲۹ صحیح مسلم ۲۱۶۲/۴، حدیث: ۲۸۰۷، نسائی، ابن ماجہ، مسند احمد ۲۵۳/۳، بیہقی ۴۱/۱۰، صحیح الجامع ۱۳۲۶/۲، حدیث: ۷۰۰۰، سلسلہ الاحادیث الصحیحہ ۱۵۵/۳، حدیث ۱۱۶۷

پھر ایک شخص کو لایا جائے گا جو جنت کا مستحق ہوگا،لیکن وہ اس دنیا میں بہت تنگی میں زندگی گزار کر آیا ہوگا،اس کو صرف ایک لمحہ بھر کیلئے جنت میں داخل کیا جائے گا۔اور پوچھا جائے گا: اے ابنِ آدم! کیا تم نے دنیا میں کوئی تکلیف اٹھائی؟ یا کوئی تنگی محسوس کی؟ وہ کہے گا: اے اللہ! نہیں میں نے کوئی تکلیف یا رنج ہرگز محسوس نہیں کیا۔‘‘

فہرستِ مصادر و مآخذ

اسم المؤلف	اسم الکتاب	نمبر شمار
	قرآن کریم مع متعدد تراجم	1
امام ابن قیم الجوزیہؒ Imam Ibn Qayyim(rahimahullah)	إغاثة اللهفان من مصايد الشيطان Ighathat Al-Lahfan min Masa-edAsh-Shaytan (Saving the weary from the Traps of Shaytan)	2
امام ابن کثیرؒ	تفسیر ابن کثیر	3
شیخ ناظم سلطان	شرح اربعین امام نوویؒ Explanation of Forty Hadeeth An-Nawwi (R.A)	4
شیخ محمد صالح المنجد حفظ اللہ	Informative answers given by	5
شیخ صالح الصالح	Fate in Islam	6
امام ابن قیم الجوزیہؒ=مترجم ناصر الدین الخطاب	Patience and Gratitude by Ibn Qayyim (R.A)	7
(Muhammed al-Jibaly.) محمد الجبالی	Sickness Regulations and Exhortations by	8
شیخ محمد نسیب الرفاعی	مختصر تفسیر ابن کثیر	9
	صحیح بخاری شریف	10
تحقیق محمد فؤاد عبدالباقی	صحیح مسلم	11
	سنن ابو داؤد	12
	سنن ترمذی	13
	سنن نسائی	14
شیخ البانیؒ	سلسلۃ الاحادیث الصحیحہ	15
شیخ البانیؒ	صحیح الجامع الصغیر	16
امام رازی	مختار الصحاح	17
شیخ البانیؒ	صحیح الترغیب والترهیب	18
تحقیق شیخ البانیؒ	مشکوۃ شریف	19
تحقیق الارناؤوط	ریاض الصالحین	20